U0082083

藏書之家

我與我爸，有時還有我媽

黃震南

（活水來冊房）·著

活水來冊房

黃震南

　　自幼跟隨藏書專家逡巡舊書店、追隨傳統詩人參加聯吟大會、長隨臺語學者研究臺文、尾隨文史工作者進行田野調查——以上四位老師都是同一人：黃哲永先生（也是作者之父，真是巧到不行）。因此從小便過著在舊籍舊事舊時舊地中打滾的詭異童年，對於這些老故事算是略懂略懂。長大之後誤入歧途沉迷於網路，經營臉書粉絲專頁「活水來冊房」，目前已是全球最多人按讚的漢語舊書書話粉絲團（趁這紀錄還沒被打破前多講幾次）。

　　臺灣師範大學臺文所畢，著作有《讀冊識臺灣》（自印）、《取書包上學校：臺灣傳統啟蒙教材》（論文）、《臺灣漢語傳統文學書目新編》（與吳福助教授合編）、《臺灣史上最有梗的臺灣史》等。

　　網路鄉民尊為臺灣歷史王、知識王、八卦王、藏書王、蠹魚王、髒話王等褒貶不一之封號數十種。

「活水來冊房」：www.facebook.com/ngtsinlam/
「今天的社會課　沒有極限」：www.facebook.com/lpesociology/

目次
CONTENT

我與黃家父子的交誼

林漢章（百城堂書店主人）

　　人生逆旅，千帆看盡。經營舊書店大半生，雖說客人即是友人，然而數十年書友來去，或凋零寥落，或移居海外，或興趣移易，能夠稱上交往一生而志趣不移者，寥寥可數。其中黃哲永君，則是我人生中，氣味相投且情誼永存的摯友。

　　民國六十三年，我在臺南部隊服役，擔任營部訓練官。當時我對臺灣文史有極大的興趣，每逢休假返北，必至三民書局購買《臺灣風物》雜誌。然而該誌在書店只能零售，蒐集工作費時費力，我遂按《臺灣風物》廣告，寫信給王詩琅編輯，表明亟欲購買《臺灣風物》自創刊號起至今的合訂本，這筆金額是當時我任職軍官的數月薪水。可惜書沒買成，當時庫存最舊只有第十七卷以後之合訂本，然而王編輯託鄭喜夫先生回信通知我這個消息，卻成為我與黃哲永兄結識的契機。

　　黃哲永兄大我一歲，在嘉南地區年少即有文名，自高中起便撰寫各地文史紀錄，投稿報章雜誌。又與林文龍君為莫逆交，輒聯袂訪查各地古蹟，抄寫碑文，甚至從荒煙蔓草間，挖掘、清整無名墓碑，只求一睹百年前的歷史紀錄。當時黃、林二兄行旅至霧峰萊園，自萊園內所存石碑中尋得連雅堂詩，乃當時文獻未曾刊錄者；黃兄便將抄得之詩文，寄與正在編輯

《雅堂先生集外集》的鄭喜夫，作為補充。鄭喜夫約略同時收到哲永兄與我的來信，得知我們年齡相仿，便從中引介，成為筆友。

六十三年底，我與黃兄正式通信，當時黃兄身在金門從軍，初來信時內文熱情異常，儼然老友一般；爾後才知道當時軍中通信，保密條款甚嚴，不得私交筆友，他故作熟識，乃避人耳目，不讓長官察知我等乃未曾謀面之初交也。然而通信不久，誠知古云傾蓋如故，實在不假。某次黃兄提及他們正在讀報載易君左《六十年滄桑》、高拜石《古春風樓瑣記》等，我大驚曰吾輩焉得更有此人，蓋因那也是我每日必追的報紙專欄。三個年方二十出頭、學歷平凡的青年，對於文藝、舊事、掌故卻有如此驚人相似的愛好，使得我們通信之初，便確信覓得知音，惺惺相惜。

黃兄退伍之後，與文龍輾轉於中部各地工廠打工，也結交了一批彰化文友，有邱素綢、楊龍潭、張儷美、馬水金等；經由黃林二兄引介，我也與中部諸友來往甚密。六十五年我退伍後，每逢端午，必到鹿港與這群文友聚會，是時大家不過二十來歲，志趣投合、年少氣盛，相聚時尋幽探勝、把酒言歡、比文弄墨、徹夜不眠，是我年輕歲月中不能抹滅的回憶。

這群文友大多假擊缽詩人大會相聚，我雖不熱衷此道，然而也經常南下參加詩會與哲永兄等見面，亦經常至嘉義宿於黃家。猶記黃兄結婚時，我從臺北坐了大半天的車，輾轉來到黃家為他祝賀。黃兄婚後，由於其夫人素綢亦是中部文友，與

我早已熟識，並不見外，亦竭誠歡迎我至嘉義叨擾。因此這段期間，我南下嘉義多次，與黃兄來往密切，若在他家架上看見什麼好書，黃兄盡皆慷慨相送。他騎摩托車載我至上班的畜殖場，讓我見識豬舍風情；下班後又相載至雲嘉各地舊書攤、古董店尋寶，北港紀老師、李國隆、土庫楊仔等處，都曾留下我倆足跡。亦曾趁中部聚會時，至劉峰松開的舊書店開眼界；偶爾哲永兄北上，我們攀登觀音山，晚間宿於寒舍，他在架上看見垂涎已久的珍本，我也應允相贈，或彼此開玩笑稱為「無期限租借」。我與黃兄到對方家裡，看見喜歡的書籍都能儘管拿走；對於志同道合到比親兄弟還親的朋友，已經不是朋友，而是能無償交流、交換的兄弟。

　　從服役到退伍，這麼多年時間，除了偶爾見面，我與黃兄一直保持大約每星期通一封信的頻率，累積數量相當可觀，通信內容從生活瑣事到文壇祕辛，無所不包。由於我寓處臺北，資訊流通較快，往往負責介紹黃兄延伸閱讀的任務，例如我知他對於燈謎有興趣，便介紹他讀《自立晚報》，留意燈謎專欄。我在重慶南路舊書攤得知有哪些黨外雜誌被禁，便通知他趕緊掃貨。這段密切通信的時間，大約持續了四、五年，直到黃兄家中設置電話後，才改以電話聯繫。

　　不久後，過年時我至嘉義住宿黃家，七手八腳抱了尚在襁褓中的黃兄公子，心中為哲永兄感到欣慰。然而由於負起家庭的重擔，黃兄與我的聯繫便無法如同先前還是青年時那樣頻繁了；隔幾年，百城堂舊書店正式開張，我也被書店業務綁住，

無法隨時南下聚會，一年中相見次數才減為個位數。值得一提的是，我開店之初，黃兄也寄來數箱蘭記書局流出的書籍、文獻資助，其中蘭記老闆親手攝影的一批蘭花、李香蘭相片相當珍貴，是長銷商品。當時我與哲永兄都稱不上收藏家，黃兄捐贈數箱書籍，可謂是大手筆；對創業初期，並沒有貨底的我而言，不啻是及時甘霖。

　　林文龍兄任職於臺灣省文獻會，常有機會出差至臺北，因此與我見面機會較多。哲永兄鮮有要事北上，因此一年大約只能到店裡一兩次，就這樣來過幾次，陪伴黃兄來的公子震南也日漸長大，叫我「漢章叔叔」了。哲永兄來到店裡，取出一千塊塞給震南，只交待「到光華地下街逛一圈，愛買什麼書就買，把錢花完」，這個出生數月時就被我抱過的嬰孩，已經是個國中生，不負使命地出去，兩小時後，提了五六家書店的提袋回來，說把錢剛好用完。

　　這樣聽人叫「漢章叔叔」叫了幾年，震南負笈外地，哲永兄也無法帶他來了。又經數年，一個夏日午後，百城堂的門被推開，來到北部工作的震南重回到店裡了，他已是成年人，大約是哲永兄與我相識時的年紀。震南克紹箕裘，對於臺灣文史、舊書有相當濃厚的興趣，因此也就成為店裡的常客，對店裡任何事物都充滿好奇，經常指著一張海報、一幅字畫、一本舊書、一件文房，問起來歷，然後我們話匣子就打開了一下午。近年來震南在網路上嘗試寫網誌，長期活躍於網路的愛書人皆驚疑這號憑空冒出的藏家是誰。有一次同業 booker 到我店

裡閒聊，講起有這個人物，我聽了之後便肯定是震南，遂將我與哲永的交誼簡略交待，booker 回去後在網路寫出，這個「藏鏡人」的身分才曝光。

今日震南網誌的文章要集結成書，雖然字裡行間插科打諢、假不正經，然而其披露的文獻、相片，有些確實是極為罕見的，成為截今為止研究者僅見的資料；而其愛好舊書、文史的熱情，與我認識的哲永兄並無二致。

我與哲永兄、文龍兄三人都沒有顯赫學歷，而今哲永兄在收藏、學術、教育、文史界皆有輝煌成績；文龍兄則在臺灣文獻的研究、收集上聞名全臺；我則安守一家舊書店，雖無堂皇頭銜，卻經眼無數稀珍文獻古籍，自得其樂。當年的三兄弟，廁身於私人工廠做苦工時，誰也想不到今日能各佔一片天，在喜愛的舊書和文史方面發揮所長。我視震南就如同看見年輕時期的哲永兄，也期待他能夠以本書作為起點，在舊書文獻的收藏與整理上，繼續精進。

愛書的基因──我與藏書家的二三事

吳卡密（舊香居舊書店店主）

常在舊香居出沒的人都知道，我們私底下會幫常來的客人取代號或小名，一開始是基於服務準確到位的考量，便於我們記住每位書人藏家，各自獵書收藏的項目，再則與工作夥伴交代工作內容時直呼對方名字，感覺也不禮貌；又或者客人比較低調行事，從未告知完整名字，可能是林先生或是王先生……書店經營久了，便有很多「林先生」、「王先生」。當然這不是必然的，往往也是取決於客人的表現，至於如何獲得代號或小名？簡單來說，是他（她）擁有一項極具特色的表現和特徵，和購書的數量和金額沒有絕對的關係，跟喜歡購買的書籍類別和喜好比較有直接的關係。如果他自己本來就有極具特色的代號，我們也可以直接沿用，嚴格來說，代號的形成和他的行為模式比較相關。

如果客人年紀相近或生性活潑，私下的代號就可以公開，若不介意也就可以怡然自得，以綽號在書友間登場，便於交流討論，而震南就屬於這一型。猶記得初識時，他話不多又有些靦腆，行動低調卻準確，且停留時間都不短，每每認真看待書架上的每本書，很確定他對書一定有癖好，所以開始有一些交談和交流。果然幾次之後，就知道他是個不折不扣的武俠迷，也跟大多數五、六年級的男生一樣，心中都有武俠魂，對於武俠小說的熱

愛和著迷讓人印象深刻，聊起武俠世界就知道他涉略廣泛，喜歡文字、習慣閱讀，尤其是以溫瑞安為首的神州詩社。

當時他著迷溫瑞安、醉心神州，對神州社員之間的愛恨情仇，坊間流傳的八卦野史，侃侃而談。加上他四處打探彙集資料，研究出的觀察和心得，講來都是分外生動，神州迷雖然很多，但只有他能打敗眾人贏得寶座，得到「神州客」這個代號，就知道當時的他有多麼瘋狂執著於神州的大小事。在江湖行走多年，他的收藏拼圖也只欠缺一兩塊，便可以完整收復神州大國，其中溫瑞安最重要的詩集《將軍令》，我們也不負所託，從另外一個書友身上取得，讓他如願完成拼圖。說也奇怪，在那之後這本書似乎也和我們絕緣了，至今，我們再也沒碰過第二本。

「書跟有緣人」這句話在這一行、在藏書圈，是真真切切、不折不扣的應驗著，是深奧又詭譎難解。大家都以為收藏舊書（尤其是難找的書），就是把現金準備給舊書店老闆，老闆就可以使命必達，上山下海一定把它變出來。多年以來，就算我們有好幾個倉庫，也實在無法每次都有求必應，拍胸脯保證有書。只能說勤勞走訪是基礎功，幸運則是看個人念力，可遇而不可求，期許念念不忘，必有回應。所以我常說「書跟有緣人」，舊書最大的魅力，就是有時候你有錢還不見得買得到，的的確確跟錢沒有絕對的關係。越是難找的書，我越發覺得是跟擁有者的緣分、際遇息息相關。這樣的故事與經歷，多到不勝枚舉，我想箇中道理「藏書界竹野內豐」是懂得，翻看

他書中所提起的許多經歷和插曲，不論是命中注定，還是擦身而過，始終相信凡事都有安排。

　　至於西川滿跟震南的愛戀關係是什麼時候展開，我印象倒是有些模糊。坦白說，玩舊書、喜歡舊書的人多少都會有機會接觸到日治時期的書籍，那是臺灣新文學的一個開始，「最美的書來自臺北」，光衝著這句話，就不知有多少藏家想一親芳澤，在自己的收藏裡，至少也要有本像樣的西川滿，不是嗎！（模仿客人的口氣）

　　遷至龍泉街十多年來，從最早我們展示西川滿各種精緻限量書籍，希望把他對書籍裝幀的熱情和作法介紹給更多年輕朋友欣賞，多年下來也累積不少死忠粉絲，拜倒在他精心裝幀製本的書堆中。那些充滿臺灣元素的書衣封面，豐富文化歷史的裝幀設計，極其講究的用紙印刷，耗費心力的製造，本本都有令人驚嘆之處，加上限量再限量的藏書遊戲，在在都吸引著不同世代的書人。

　　對舊書有癖好的書痴手上多多少少都有兩三本西川滿的書，震南為西川滿所下的標題「給我滿滿的限定本」，就知道他的癡迷愛戀有多深，對這生動又趣味的標題，我實在太激賞了！愛到慘兮兮的欲罷不能，非要不可的無怨無悔，重度書癡的心情表現得淋漓盡致。就如我常說，藏書是條不歸路，藏書如獵書，書林、書海皆廣大無邊，完成了一個目標的尋找跟狩獵，但，書帶書又另闢出一條清幽小徑，開啟了另一個新的挑戰和方向，我想這就是閱讀的無限大樂趣。找書尋書很像是一

條不歸路，但我更想說的是：一場不可思議的冒險之旅，在這搜索的過程中，你不知道會碰上什麼？什麼會吸引你？很多愛書人說這像是一種習慣、一個癮頭，嚴重一點來說，是一種病症。進入稀奇古怪的舊書世界，自然讓你短暫駐足，流連觀望，有人能全身而退，有人就像跌入兔子洞一樣，身陷黑洞，萬劫不復。

我印象很深刻的是，有一陣子，震南常常請我們留意各種古詩文集，尤其早期詩集有很多都是家屬自編自印，加上私人發行，流通甚少。遠在臺北的他，訪書同時也不忘盡孝道，為父親搜尋了很多書。在幫他蒐羅這些詩文集時，也深刻感受到震南與父親之間的交流，甚至父親北上，震南陪父親來逛書店，他們之間的對話和相處方式都讓我印象深刻。你會知道父子之間，書扮演了什麼樣的角色。而我相信，隨著年紀的增長，震南對於父親所收藏的心血會更有所體會。至於如何把它發揚光大和好好利用？身為批踢踢（PTT）上的紅人，加上部落格、FB 粉絲專頁，有了新的平臺，網路工具發達，流傳更為便利，不論語言考證、童蒙教材收藏或日治時期的書籍研究，在在都展現他的深厚根基，信手拈來，嚴密考證，又善於哈拉，不會讓人讀來艱澀，容易卻步。

翻開這本書，也找到答案，很多特質是家庭環境的養成，這一點我跟震南都深深理解。震南說他們是藏書世家，我笑稱我也是舊書世家。從書中你會很清楚知道震南深入研究的各類課題，是父親給他的養成教育開啟了他對於書籍的想法和視

野。父親對他的影響、給予他的自由度都讓他悠遊書海，樂不可支，這與傳統上只是應付考試考得好的認真讀書是完全不一樣。雖然震南在文字間輕鬆帶過家庭教育這一面，也曾聊起他跟父親的閱讀方向也許不盡相同，他們卻也從看書尋書的樂趣中，能夠相互理解與溝通，能夠去欣賞彼此的收藏，尊重各自的興趣。

很多收藏家常說願意花很大筆的錢、花非常多的心血買書。可是能付出心力去了解自己所收藏的書籍，熱愛到真正深入理解它們，那才是我真正想和客人分享對於書籍的態度，也是舊書店主人應該給予的觀念和想法，而不只是那些所謂的舊書知識。拜網路發達之賜，很多資訊我們都可以輕易找到，但有更多收藏領域值得去公開和研究，我一直認為這些擁有精華書籍的不同藏家，才是最適合成為特殊收藏的研究者，所以多年來我一直鼓勵藏家應該走出書房，分享收藏。

我有時會開玩笑跟震南說，我也算是他的伯樂之一。2011年拉他參加一場曬書會，我除了邀請一些作家外，也找震南分享他的收藏。最幸運的是，那場活動讓韓良露對震南印象很深刻，甚至喚起了她與神州的往事，之後還在報紙上寫了一篇文章。之後我們陸續有一些分享活動和展覽，我都會找藏家來談談他的收藏，不管是收藏分享或者活動座談，大方的震南總會支持我們，這就是我覺得最理想的顧客與店家之間的關係，我希望我們花很多心思收集的珍貴舊書交給真正懂得書、喜歡書、熱愛書的人，託付的是能夠把它的價值與意義再發揚光大

的藏家，彷彿我們各自扮演的傳承角色，經由舊書店共同完成一項目標，成就一件美事，這樣與書人藏家的交流、交情，對我來說，那是美好又特殊的意義。

　　雖然這是震南由出版社出版的第三本書，但嚴格說起來，這應該是書人朋友們以為他會出的第一本，在此不能免俗的強調，凡事都有安排，《藏書之家：我與我爸，有時還有我媽》的出書順序，恰巧也很適合他，這樣不按牌理出牌，讓人驚喜的順序也很符合他的行事風格。此書在超級暢銷書《臺灣史上最有梗的臺灣史》之後出版，反過來想，這樣的安排也有極大的意義：為什麼他能寫出一本通俗幽默又饒富意義的另類怪奇臺灣史？我想這本書正可以告訴讀者，他是在怎樣的環境中養成他的閱讀習慣，他對於舊書的熱愛以及孜孜不倦的挖掘訪求，是促成他能夠寫出豐富有趣又極具個人特色的臺灣史的深厚養分與文史根基。

　　一如他自許是「藏書界竹野內豐」一樣，他與生俱來的幽默感在翻看這本書的許多章節時就能理解，字裡行間看似痞痞搞笑的輕鬆方式都是我和他想追求的。對於身為舊書第二代的我來說，我並沒有把經營古舊書當成一種學問，而是一門「專業」，我的客人都知道我鮮少用一種嚴格的心情，或是教導者的角色來談論舊書，對我來說，收藏舊書、喜歡舊書，應該是樂趣大於一切。我們沒有所謂的「使命感」，但我想我們多多少少都有身為第二代的自覺，想把身邊熟悉又美好、一直存在於生活中的樂趣分享給更多人知道，如同震南把這些古舊書籍

的精華和奇妙之處，以他的幽默轉化成新的語言，自在又不失專注的態度，看似簡單容易卻需要巧妙拿捏、平衡，才有辦法以更生活化的面貌，將舊書的魅力和閱讀的樂趣真誠展現。我想這就是一種傳承，讓他足以成為藏書第二代，甚至是推廣舊書的最佳代表。

關於書的專業知識，許多沉浸書海多年的藏家、學者，可能比任何書店的老闆更加深入專精，要出書分享這些花費很多心血追尋到的書籍，考證版本、分辨異同，對書中精彩之處，書內書外的歷史脈絡，他們如數家珍，撰寫文章，胸有成竹。而身為書店經營者的我們，更樂於紀錄這些書海江湖裡的奇人異事，這數十年的看店生涯中，值得記取的點滴，莫過於此。也謝謝震南給我機會說說我的想法。

書海遼闊，關於藏書尋書的種種事蹟和傳說是永不停歇的，在這部黃家二代人的藏書史，也可以說是生活紀錄史，他和父母帶給我們的幸福感，是經由共同喜好，點點滴滴，滋味雋永。

面對臺灣史，震南總這麼說，或輕或重，或莊或諧，只要開始碰觸，就是認識的起點。從不覺得舊書、藏書是一個人人都能理解的世界。多年下來，我們各自努力，分享著舊書世界中奇妙的傳說和趣事，在這神祕國度繼續挖掘、探索，樂此不疲。期待他為我們所熱愛的事物，寫出新的觀點和視野。若說西川滿不僅是一個名詞，而是代表一個時代，一股氛圍、一種品味，那麼這本書或許可以為這個時代說明：舊書為何這麼迷人？

昨日的我與今日的我，
有一書之隔

　　這是一本遲到了很久的書，但是幸好，讓它遲到了這麼久。

　　2006 年，我服完兵役出社會工作。在我關在軍營裡的一年多，網路世界有了天翻地覆的變化：原本百家爭鳴、各有特色的 BBS 迅速衰退，只剩 PTT 一家獨大。結合網路相簿的「部落格」正式崛起，取代了原先大家在校園 BBS 個人板發文的習慣。退伍前熱鬧猶如同學會的 BBS 看板，退伍後成為黑色死城，大家轉而經營部落格，突然都成為圖文並茂的專業寫手。

　　順應時代潮流，我也來寫個部落格吧。當時我已離開故鄉，北上工作。臨行前，老爸塞了兩本書到我的行囊，一本是傅月庵的《臺灣舊書店地圖》，一本是李志銘的《半世紀舊書回味》，老爸早已精讀評點，朱墨爛然。他囑咐：「上臺北之後，照這兩本書去逛舊書店，按圖索驥，地毯式搜索。」我才恍然，老爸根本就巴不得我在臺北工作，好替他搜書。

　　這麼一來，開始了我的搜書日子，部落格能寫的生活片段，也只能是舊書舊事了。

　　我的部落格「活水來冊房」於 2009 年開設。起初有短暫時間叫「綠滿窗前草不除」，取自翁森的〈四時讀書樂〉。然

而後來參考許多書話前輩的網誌，名稱大多簡短，有力好記，若部落格名稱與書齋齋號合一，部落格格主也順理成章變成「某某書齋主人」。因此，我便尋思將部落格名稱改名為書齋齋號。但我沒有齋號，家父雖有「昵兩居」齋號，可那不是我的。國中時因桌上圖書亂疊，自號「有序齋」，自詡「亂中有序」，但現在長大了不想沿用，況且我現在書桌整齊多了。

然後便想起當兵時，經常利用站哨時間編輯各種設定——哪方面的設定不一而足，有些是武俠小說，有的是自創文字，有的是 T 恤設計，其中我就曾想過以傳統詩詞，只採原句中三字，得其詩眼，風雅精練兼具。於是便從唐宋詩詞擷得「動江關」、「凌絕頂」等三字之句，其中有「活水來」三字，則讓我認為最適合作為書齋齋號。

「活水來」三字，自然是得自朱熹〈觀書有感〉：「半畝方塘一鑑開，天光雲影共徘徊；問渠那得清如許？為有源頭活水來。」以方塘喻書本，雲影象徵書中的內容思想；雖寫讀書，全詩卻無一書字，耐人尋味。吾師王財貴教授編輯讀經課本時，課本書頁隱有雲影浮水印，便是取其詩意。

於是便自定齋號「活水來」，後加個「冊房」，突顯研究臺灣語文的興趣，部落格名稱就這樣定下來了。後來此舉果然一舉兩得，不必自我宣傳，書友自動把我的頭銜稱作「活水來冊房主人」，省得我還要另外自稱書狂書癡書賊書淫等字號。

就這樣寫了兩年，在臺文界也闖出小小名號。有一件事我印象很深刻：2011 年，臺灣圖書館舉辦「西川滿大展」，我

帶了幾本西川滿的書要去給其子西川潤簽名，恰巧遇到清鴻學弟一行人聚會，他們一群人是各校臺文所學生組成的讀書會，相約到麥當勞相聚。由於我左右無事，便涎著臉皮湊到他們的聚會中。大夥聊天談及舊書，我說：「我都寫在部落格上了，請搜尋『活水來冊房』。」一行人裡至少三四人大驚：「你的部落格就是活水來冊房！？」我也大驚：「原來這麼多人看過！？」

到 2013 年，眼看部落格急速衰退，大家又將網路交際移到臉書平臺，我也在臉書開設了「活水來冊房」粉絲專頁，經營至今，成為全球最多人按讚訂閱的漢語舊書書話粉絲團。（真拗口的榮耀）

寫這麼多文章，原本在 2012 年就打算把網路上的作品結集成書，但由於編輯作業一再拖延，直到今天才正式出版。今日檢視收進書裡的文章，有好幾件事自己都嚇了一跳——

首先是這本書裡的文章，沒多少篇是 2012 年之前寫的。也就是說，當年預備集結出書的文章，今日讀來大多不夠成熟，幾乎全數抽掉或改寫。要是那時真的出版，今天定會「悔其少作」啊！僥倖僥倖！

嚇自己第二跳的事情是：這些文章，都還沒寫到我近兩年來收入的藏品。也就是說如今文獻入手的速度比消化還快，未來仍有不少故事可寫呢。

由於家裡收藏的舊書太多太雜，文章也是隨時應景、隨處抓書就寫，範圍包山包海，龐雜蕪亂。幸虧編輯挑出文章數十

篇，分為六輯，讓文章看起來較有系統脈絡。其中關於武俠小說的收藏，由於興趣易移，未來也不太可能再寫這方面題材，算是為過去的嗜好留個紀念。最末輯則是家母撰寫的古民藝收藏故事，原汁原味保留我阿母的敘事口吻，從另一個角度清點我家的藏品。

　　從家父算起，吾家藏書超過半世紀；從我算起，撰寫書話也將近十年。日本集英社廣告說得好：「昨日的我與今日的我，有一書之隔。」這些日子以來，藏品持續增加，眼界不斷拓展；這本拖延了很久的書，我會慶幸讓它醞釀了許多年，承載了更多舊書的重量，才呈現在大家面前。期望我的文字，能讓讀者也感受到收到珍本的狂喜、讀有所得的喜悅，領略到人與書的緣分，以及更重要的：人與人之間，因為愛書、藏書，而串起的雋永之情感──就如同你捧著這本書讀到我一樣。

二十四

東山一派不着衣裳形容古怪曲來捕人
相似妖怪行人謹慎莫持膽大金銀不要
愛人頭腦一年殺人不計其個專取人頭
身屍留在禍因番割勾通番怪火藥鉛銃
鎗刀器械猪酒鹽物偷入山賣交換鹿茸
利息深昔無教野心最壞國有善治
國恩深大買震士地招待番童學校
教青不慈漸近人情如禮所在人民安樂

掃刷塵埃帝印玉璽官印象號印色圖章
花押字號原差捉人有票有憑若無印票
不得歸家去食減倫竪旗牌坊忠孝節義
永古流芳姦賭貪花害人死罵人死家食
嚇騙良民旗獎區額混乱族中男女逐曲
桑上走走不入爲人無悔受苦被人刻薄成家
子捲算收家爲富不仁刻薄成家尖利鹹

父親成為
「藏書家」的因緣

 當初塞了幾本書到阿公手裡，
阿公隨即安排了一卡車書進家裡。

　　家裡有幾綑線裝書，那是從我還很小的時候就擺在家裡的了。這批古書，不但是我童年不可磨滅的回憶，也可謂是父親在藏書界賴以成名的初試啼聲。

　　1988 年，阿公結束了他的一生，在祖厝大廳入殮之時，父親為他放入老花眼鏡，猛然想起阿公受過幾年私塾教育，平時還有閱讀書報的習慣，現在有了眼鏡，豈可無書？遂匆忙返家，拿了幾本阿公平時常掛在口中的《三字經》、《千字文》、《人生必讀》、《千金譜》、《論語》等書，置於他的手邊，心中默想：「阿爸老來誠愛展，遮的冊會當予伊轉去唸予先走的老朋友聽，予伊遐的老兄弟驚著，講你哪會有遮爾濟清朝尾的老課本，阿爸通好臭屁講『阮团有規厝間古冊咧』……」

　　父親年輕時，雖有讀書天分，然而過早投入文藝和史地的

閱讀，偏廢了幾個科目，屢在考場失利；退伍之後，在中彰一帶工廠流浪，沒有錢、沒有學歷、居無定所，頗讓阿公頭痛。更糟糕的是父親嗜書如命，老把賺的那一點錢拿去換書，而且是與考試、升遷毫不相干的雜書；雖然父親也力求上進，向漢學名家黃傳心學詩，但是傳心先賴以生活的那套堪輿、醫藥、命理的好本事，卻是一點也不想學。

最後，也許是見怪不怪，也許是舐犢情深，阿公終於對父親瘋狂買書的行徑逐漸習慣，看著父親返家時背著一袋一袋的書，連價錢也懶得問了，反正這傻兒子餓不死就好。父親對於阿公長年的諒解和容忍，只能以阿公入殮時，放置一冊冊的線裝書讓他帶走，作為答謝。

送走阿公後，由於距喪假期滿尚有一段時間，還不必返回工作崗位；父親便向當時嘉義市民族路上的舊書店毛遂自薦，表明義務幫忙，不收工資，替老闆整理汗牛充棟的舊書。那個舊書店老闆是嘉義地區知名業界前輩，外號「老怪」，當時有意要遷店至國華街上（後來再經搬遷，就是今日垂楊路與國華街口的「成大舊書店」，現在由「老怪」的兒孫經營），但由於貨底太多，需要全盤清點整理；父親便趁此機會，幫手整理之餘，一窺店裡所有好書，老闆也把部分好書賣給父親；甚至尚有許多日治美展畫冊、松雲軒書籍，雖因價格太高，父親無力購買，倒也開了眼界。

有一日，一個「古物商」（收破爛者）騎著一臺俗稱「鐵牛」的拼裝車到店裡，請老闆看看是否願意收購車上幾布袋的

舊書，老闆檢視之後，認為這些書籍過於破爛，難以修補，便婉辭拒絕。古物商正欲快快離去之際，父親福至心靈，一方面是不忍心，一方面是好奇，便追上前去表明願意將車上之書全部買下。古物商見有買主，便把父親帶到屯貨處，竟有一屋破爛舊書；父親便與古物商議量價錢，全數收購，雇了一卡車全部載走，運回當時向親族租賃的三合院中。

父親仔細檢視這一「拖拉庫」的書（非誇飾），內容五花八門，以裝幀來看，可以分為線裝與平裝、精裝三類。線裝書多是漢文書籍，如崇文社的文集、林珠浦《仄韻聲韻啟蒙》、陳懷澄《媼解集》等；平裝、精裝書多是日人所著，大多是臺灣調查研究的資料；此外也有蘭記書局老闆黃茂盛的攝影作品等等。同時，父親的摯友林漢章叔叔在臺北開設百城堂舊書店未久，父親也請叔叔到家挑這批書，整理了五大箱贊助他。

而這批舊書中，最為罕見的，就是《古今圖書集成》了。這一套書是當時全中國乃至全世界最大的一套百科全書，康熙年間由陳夢雷花了五年編纂初稿，雍正年間經由蔣廷錫重加編輯，費時三年整理為 6 彙編、32 典，6109 部，成為總共一萬卷、約一億六千萬字的鉅作，成為漢民族現存最龐大、最有系統的類書。

至於《古今圖書集成》詳細有哪 6 編、各編底下又包括哪些典，典下細列哪幾部，如今資訊查詢甚是方便，讀者諸君自行詢問咕狗大神可也。總之，我們知道它是一部舉凡天文曆法山川地理草木蟲魚堪輿星象醫藥卜筮倫理人事神佛菩薩經濟工

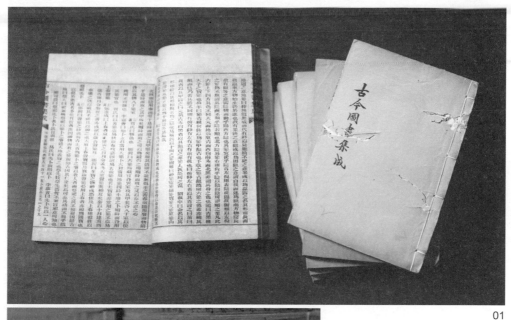

01

02

01《古今圖書集成》

1884 年，內文所用鉛字為三號扁體，因此俗稱「扁字本」

02《古今圖書集成・藝術典》

下切口處題書名，每本皆為手寫

業數理文藝無所不包的百科全書，全球學者起立鼓掌一致推崇就行了。

這套書編成至今，從雍正 6 年以銅活字排版印刷到近代的光碟數位版，大約出版、翻印過九次。而父親無意間購得的這一批，則是光緒 10 年至 14 年間由圖書集成印書局印行的版本，也是《古今圖書集成》史上第二次印本。

由於清光緒初年，海運暢通，東方文化西傳，這套《古今圖書集成》讓「阿啄仔」（a-tok-á，臺語，指歐美人士）大為嘆服，認為是吸收神祕古國五千年文化的百科全書，引起英國人美查（Major）兄弟的興趣。美查兄弟原在上海創辦《申報》，光緒 10 年（1884 年）為了清政府總理各國事務衙門委託重新印行《古今圖書集成》事務，成立圖書集成印書局，費時四年成書。文字以鉛字排印，繪圖則用石印，用的是連史紙。由於所用鉛字為三號扁體，因此俗稱這個版本為「扁字本」，也叫「美查版」。圖書集成印書局號稱印了 1500 部，然而也有人認為沒有那麼多。雖然扁字本的訛誤較後來其他版本為多，然而一來它是《古今圖書集成》廣泛流傳的重要關鍵，二來好歹也是第二次印本，放到今天也超過 130 年了，相當罕見。2009 年在中國北京德寶春季拍賣會上，曾有一套扁字版成套共 1620 冊加目錄 8 冊拍賣，最後以 39 萬 2 千人民幣成交。同年又有一部相同版本存 1535 本拍賣，成交價 16 萬 8 千人民幣，其珍貴可知。

家裡買到這批書時，正好是這版《古今圖書集成》成書第

一百年，父親認為相當有意義，便花了極大功夫整理。首先把灰塵拍掉，把已經蛀成紙屑者挑出；再來將各部湊齊，檢視是否成部無缺；接著重做封面、線裝。過於破舊無法修補者，則裝成數箱，請大伯父開小貨車才載得了，運回嘉義售出。一段時日後重返嘉義舊書店，那批破書全數不見了，有人說是賣給片場劇組作為古裝戲的道具。

　　父親、母親與年幼的我，齊心協力，裁封面、穿針、線裝，忙了半年，才修復完工，原本應有 1628 冊的大書，保留了約四百冊下來。這四百冊中，僥倖尚完整保存曆法、考工、草木、禽蟲、藝術、神異典等。後來家裡養了馬爾濟斯犬，有一隻因為發生車禍，脊椎受傷，不良於行，獸醫見了皆大搖其頭，直說沒救；母親則以草木典中的記載，採草藥治傷，最後小狗竟然痊癒了，不得不佩服華夏五千年的智慧累積。

　　不久後我們搬到新家，搬過家的人都知道，新家總是空蕩蕩的，父親便趁客廳還有空間，舉辦古籍收藏展，遂聯絡《聯合報》老牌記者王良新前來。王記者採訪時，見年方卅五的父親還相當稚嫩，自稱在全國徵聯比賽獨得五面金牌、收藏多少善本，簡直不敢相信，要求檢視金牌、翻閱舊書，驗明證據後，才在 1988 年 11 月 8 日的《聯合報》全國版刊載〈詩文自遣，居陋巷淡泊人生；蒐藏古籍，黃哲永愛書成癖〉一文。當時六腳鄉民眾服務站的蘇明國主任，對文史興趣濃厚，見報前來，應允贊助，於是 11 月 12、13 日在自宅客廳就擺了幾張長桌，把家裡收藏的古籍善本陳列出來，其中當然就是以《古今

圖書集成》作為主體。來訪的客人中，比較特別的是臺北妙章書店的老闆也來了，幸好家中藏書還經得起法眼，他買了一些書法字帖回去，沒讓老人家空手而返。

當時《時報周刊》有個專欄叫「癡人列傳」，專訪全臺各類收藏家，也注意到父親的古籍收藏展。於是在 1989 年 1 月，夏瑞紅、胡福財兩位記者前來採訪，猶記得那一晚全家忙著把線裝書擺滿二樓起居室地板，父親也穿著還算正式的襯衫，擺出縫書的豪邁架式讓胡記者拍照。我與堂兄姐則興奮地在旁跑來跑去，胡記者用拍立得相機幫我們這幾個鄉下小鬼拍了張照，把相片送給我作紀念，那是我第一次看到拍立得相機。

這是父親首次被封為「藏書家」的開端，接著便有不少買賣舊書、古董的商人聞風而來，與父親交流。當時臺灣經濟起飛，嘉義市北港路上古董店、古民藝店林立，父親與中南部地區的古民藝商時有往來，這些舊書也隨之來來去去，最後自己也搞不清楚家裡還有哪些書了。直到父親把空閒時間投入在社區營造、鄉土教學方面，才逐漸淡出古董圈；「藏書家」之稱，也逐漸少有媒體提起。卸下這個稱號的包袱，父親也不再賣書，優哉游哉，讀書買書，可謂年少貧困艱難，臨老終得晚晴。

最後還有一個疑問尚未解決。若把那一小貨車的破書殘本與整理完成的四百冊相加，當初進到我家的《古今圖書集成》很可能是整部無缺的。這下不禁讓人探究一個問題：資源回收

03

詩文自遣　居陋巷淡泊人生
蒐藏古籍　黃哲永愛書成癖

本報記者
王良新

黃哲永、邱素綢夫婦安貧樂道、詩書自娛。（上圖）（王良新攝）

嘉義縣六腳鄉下，年輕的黃哲永夫婦生活在書香世界，他們雖身居陋巷，粗茶淡飯，卻以讀書、寫詩自娛，自稱「談笑有鴻儒、往來無白丁」。

黃哲永夫婦收藏古籍，堆積如山。

黃哲永夫婦收藏古籍，這些書將於十二日及十三日兩天在六腳鄉祕頭佳宅，開放供同好欣賞。

黃哲永雖然生長在台南六腳鄉下，但因耕讀傳家，自幼接受他父親的薰陶，童年時即讀畢三字經、千字文等演文書籍，因漢文底子不錯，求學時最喜歡國文。

高中畢業後，因家庭環境因素，不得已無法繼續升學，不得已離家外出打工，但他並未利用工作餘暇，跑遍南北各地的舊書攤、古董店，以高價買

出版了「思緒雜朵」及「醉月樓雜抄」兩本散文集。後來他對傳統詩發生興趣，於是棄敗文而就傳統詩壇。

黃哲永說，起先他接受嘉義縣大儒黃傳心、黃秀峰昆仲授予詩學法訣，後又受教於林劍泉、黃星樓、陳輝王、高泰山、施少峰、陳輝王、吳金及吳錦順等省內詩壇前輩，使他的詩藝有很大進步。由於他虛心求教，加上用功之深，卅七歲的黃哲永已成為國內詩壇上相當有潛力的詩人。台南縣學甲鎮大灣清宮去年舉辦全國徵詩比賽，黃哲永即獨得五面金牌，由讀書、愛書到藏書，黃哲永成了善本書的收藏名家，黃哲永藏了經史子集、中華古籍外，其他如清末民初的私塾教材、八股文刊本及絕版小學等應有盡有，更難得、罕見的是有關中國醫學、藥學、星相、卜筮、堪輿等秘笈亦達數百冊，這些古籍珍藏，都是黃哲永吟比賽金牌，與台南的吳素娥，被詩壇譽為「南

人別人眼中一文不值的「斷簡殘篇」，經過他費心的拉平、裱褙及裝訂後，一一成了他眼中的瑰寶。十餘年前，他以一套萬元的高價，在祕頭購廠買下一套「陳修園醫書」而轟動古籍界，可見他已「藏書成癖」。

黃哲永目前在祕頭購廠擔任領班，收入有限，因而經濟情況愈形拮据。

為了搬離借住了十多年的破舊房子，撤借向銀行貸款購屋外，不得不忍痛將參加詩人聯吟比賽得來的金牌，面所興的黃金挖下來變賣，以補不足，才擁有目前這棟新居，得以接待基名而來的藝人墨客及藏書之所。最能可貴的是黃哲永的妻子邱素綢，雖是一名家庭主婦，但因受他薰陶，也學習傳統詩寫作，並在大儒林劍泉指導下，功力日進，曾數度奪得詩人聯

03《聯合報》

父親受訪報導於 1988 年 11 月 8 日刊出

場裡這一屋子書，質量俱精，有大量的日治時期漢文書籍與日文圖書，還有一部完整的《古今圖書集成》，想起來都讓人倒吸一口涼氣——到底是誰的藏書流落至斯？

沒有直接證據，但從這批舊書的內容和地緣關係，是很容易推想出來的：除了蘭記書局，嘉義地區沒有第二個地方夠資格擁有這些書。這批圖書都是由蘭記書局出版、經銷，甚至還有一些蘭記老闆黃茂盛的攝影作品，如經歷火厄的蘭記書局、自栽蘭花、李香蘭來臺的相片等。再者，這家資源回收商當時就在嘉義市中山路上，現在的臺灣銀行附近，剛好在蘭記書局對面；因此蘭記書局清理庫存時，故紙舊書就流落到這裡，理所當然。

從送走阿公之後，立刻收到這批蘭記書局的庫存，整理出百年歷史的《古今圖書集成》，接著搬新家、辦展覽、登上媒體，父親一直相信這是我阿公在天之靈的庇佑。當初塞了幾本書到阿公手裡，阿公隨即安排了一卡車書進家裡，看似偶然，實則註定；因果相扣，豈有疑哉？

專欄

癈人列傳

■收藏項目／善本古書
■收藏數量／一千多本
■收藏時間／二十年
　介劃／時報周刊
　撰文／夏瑞紅
　攝影／胡福財

《80》

本專欄報導有特殊收藏的個人，只要你，或是你的親友收藏地是罕見的，收藏方式是特別的，收藏的時間長到我們會驚異、嘆久，我們都希望你與我們連絡。

癈人熱線／（02）3087111
轉時報周刊編輯部
★台北市大理街132號

本專欄自七十七年十二月起在台視「強棒出擊」節目（週一至週六，下午六點半至七點）中陸續播出，敬請注意收看。

蒜頭陋巷
溫書香
／台灣善本古書
痴人黃哲永

提起「蒜頭一書生」，也許您沒聽過，但在嘉南地區「傳統詩」界，可是小有名氣！

書生名叫黃哲永，家住嘉義小村「蒜頭」，因勤好藏書，又勤於舞文弄墨而得此雅號。

黃哲永白天在糖廠擔任領班，晚上回到家脫掉工作服，戴一副眼鏡、再拿一把放大鏡，就完全投入另一個「書香世界」。

說黃哲永的家是一個「書香世界」，一點也不誇張，因為，他擁有一屋子的書，其中有千餘冊還是難得一見的善本古籍，難怪一走進他家就覺得實在「非常有味道」。

那些古書都是黃哲永近二十年省吃儉用、一點一滴買進來的，大部分是台灣先賢的手澤，以石刻板印刷，年代在五十年以上；最早的有兩百年左右的歷史，是從大陸傳過來的木刻板古書。其中，以詩學及幼教方面的書為主，也有一部分有關醫藥、卜筮、武俠的「奇書」。

比較難得的，譬如道光辛丑年的「增補文狀元雜字」，同治八年一套十本的工具書「詩學叢機活法大成」、光緒二十六年的幼教小手抄本……等等。

黃哲永覺得讀古書十分有意思，一來從中可以發現古今思想觀念、生活背景的諸多差異；二來，古書上留有數位前人的硃批，有的還互相反駁、唱和、藉此與前人「神交」，真是別有一番滋味。

平常拜訪黃家，最常見的景象就是，黃哲永金神貫注地忙著修補他的古書，剪刀、漿糊、宣紙、針線擺了一地，妻、子二人則靜靜地坐在一旁，各讀各的雜誌。

古書修補的工作相當繁瑣費事，但黃哲永卻樂此不疲，他還說要是可以靠為人修補古書賣錢活口，他倒寧願以此為職業。

以黃哲永的經濟情況來說，購買那些古書其實是一項不輕的負擔。多年前，他以萬元高價在古董店買進一套「陳修園醫書」，一時間他的痴勁就在古書市場成了熱門話題。為了買書，黃哲永還曾把他和妻子倆數度參加詩人聯吟比賽得來的金牌上面所嵌的黃金捨下來變賣。

黃哲永曾在家鄉辦過一次古書展，吸引了無數同好前去參觀。他說：「我們雖然身居陋巷、三餐只有粗茶淡飯，但談笑有鴻儒，往來無白丁，這不也是另一種富裕呢？」

即生員誌，臺南松雲軒藏版，同治元年二月刊行。圖式生動

早年科舉考試考生作弊用的手抄八股文夾藏本

係批壇註解嘗誌異和係批秋水軒，套色印刷，相當珍貴

04《時報周刊》

1989 年 575 期

我如何
踏上藏書之路

 這本獻給兒子的漫畫書，
成為父親帶領我收藏舊書的開端。

　　我已經忘了第一次踏入舊書店是什麼時候。畢竟，一個人如果從幼年無法產生長期記憶的時候就常出入舊書店，那麼他長大也不會記得「第一次」進舊書店是什麼時候。就如同我們不會記得，這輩子第一次走進老家廚房是哪年哪天、當時幾歲幾月大一樣。

　　但相當早期的印象還是有的。比如有一本書叫做《小凱凱的集郵世界》，那是我年幼時，非常有意義的一本藏書。

　　當時我大概七歲而已吧，臺北百城堂舊書店老闆林漢章叔叔剛開店，家父義氣相挺，寄了幾箱古書作為贊助，當成百城堂開店的賀禮。當然漢章叔本身藏書既多且精，老爸寄去的幾箱不過錦上添花罷了。後來，漢章叔在光華商場集郵社，買了一批散裝的各國郵票送我，作為回饋。

那一批郵票讓我足足在書房整理了幾個月，依圖案種類分，裝滿了三、四本集郵冊，讓我瞬間成為同儕中的「集郵大戶」，因此有一段時間也開始留意集郵的資訊。一日與父親同逛舊書店，要求父親買了一本《小凱凱的集郵世界》給我。這是一本用漫畫形式編繪給兒童看的集郵入門書，內容有集郵的樂趣、集郵的知識、集郵的注意事項、郵票的價值等等，很能引起兒童的興趣。

　　記得書的最後，作者林世明寫著，這本書寫給愛子小凱凱云云，我年紀雖小，但依稀讀得出作者是為了紀念他過世的孩子。這段關於生死的留言讓我感到小小的震撼：「原來書中主角小凱凱已經死了啊。」「小孩也會死嗎？」

　　應該是國小六年級或國中時，班上成立圖書櫃，家裡把許多童書都捐了出去，這本《小凱凱的集郵世界》便離開了我。多年之後，偶然想起這本書，本以為這等冷門漫畫難以留下雪泥鴻爪，想不到在集郵界的網路拍賣依然找得到此書販售，便將之購入，重溫童年回憶。

　　作者林世明不知何許人

01

01.02.03《**小凱凱的集郵世界**》

林世明編繪，1985 年，收藏家郵鈔雜誌社

也？也是集郵家嗎？作者為了紀念愛子，將滿腔思念編繪成這本漫畫，化為贈給千千萬萬個小朋友的禮物。每次在書架上看見這本書，就想起作者的父愛，也想起當初買這本書送我，支持我繼續集郵的父親。

　　雖然集郵的興趣並沒有持續下去，到今天我的集郵簿依舊還是那幾本；但是逛舊書店、買舊書的習慣，卻一直保存了下來。這本獻給兒子的漫畫書，成為父親帶領我收藏舊書的開端。

　　國、高中之時，埋首教科書中，空閒時也跑到新書店站著

02

看武俠小說，便極少走進舊書店的窄門了。跑到臺中讀大學後，醉心於美侖美奐的誠品書店——當時中友百貨的誠品書店，號稱是全臺灣最美的書店，也是我與女友約會流連之處——因此也疏於拜訪舊書店了。

我與舊書店的密切關係，竟是由漫畫再度牽起。

大學畢業之後，留在臺中實習一年。當時在臺中市近郊發現了一間物流倉庫，叫做「漫部屋」，是專門買賣租書店用書的中盤商；漫部屋佔地非常大，專門收購倒閉漫畫出租店的藏書，也低價把書賣給營業中的出租店。不過，他們也願意把書

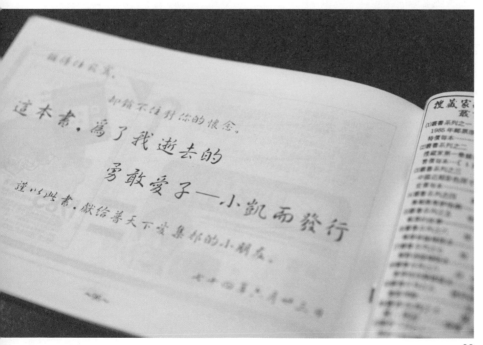

03

賣給散客，為了蒐集經典漫畫如《JOJO 冒險野郎》等，我固定每週末光顧一次。漫畫出租店用書，除了漫畫，通俗小說也是主力，於是古龍、溫瑞安的小說，也讓我一套一套的搬回家。

父親看我假日回家時，總能從登山背包中掏出一、二十公斤成套的武俠小說，不禁好奇從何得來。據實以告後，父親列出清單，要我在漫部屋幫忙尋找家裡不全的倪匡科幻小說和柳殘陽武俠作品。現在回想起來，這時蒐集溫瑞安的武俠小說，是我日後蒐藏神州詩社相關文獻的起點；而替父親尋書的羈絆，也拉近了從青春期之後與家裡較疏遠的情感。

不久，網路拍賣崛起，初期代父尋書的工作依然由我負責，從舊書店追蹤到網拍。北上工作之後，越搜越買越多，買自己的，買老爸的，就這樣重返藏書之路。

我買進的第一本
臺灣老文獻

 在時代的洪流裡，它意外地成為一塊化石，
永遠將臺灣的30年代留存下來

　　我的興趣雖然說是「藏書」，但是書海浩瀚、種類繁多，
一個人絕不可能把所有類別的書都收了，只能選擇幾個方向藏
而讀之；而且還會因為眼界開了、心情變了、興趣改了、環境
換了等等因素，換個跑道玩玩，調整收藏方向。

　　好比說我國中的時候愛看科普書，又訂《牛頓》雜誌（每
隔兩、三期就是相對論特集，讀得我都以為自己快變愛因斯坦
了），又大量購入地球科學、數學、邏輯乃至超自然現象等雜
書；高中的時候，適逢風雲時代出版社統一古龍作品，分批出
版，這時期我又專買武俠小說；大學時期投入純文學領域，什
麼夏宇陳克華蕭蕭張默商禽蘇紹連管管洛夫羅青羅門都來一
點，歷屆年度詩選、散文選、小說選無一遺漏。轉眼間這些題
材竟然都離我好遠，基本的三角函數公式我都默寫不出來了，

鄭丰沈默喬靖夫的武俠作品我完全沒看過，我能講出來最年輕的「新生代」詩人年齡赫然也超過半百……

　　回過神來，今天的我幾乎只入手臺灣文獻，不知不覺就走向這條路了。有趣的是，我買進的第一本臺灣老文獻，是哪裡買的哪本書，我記得清清楚楚，就是那本紅皮的《臺灣常識是れは便利だ》。

　　一二三，到臺灣。到臺灣要注意什麼事？昭和 5 年（1930年）由臺灣實業界社編纂出版的《臺灣常識是れは便利だ》，貼心地告訴前往臺灣的日本人「臺灣須知」。

01

01《**臺灣常識是れは便利だ**》

臺灣實業界社編纂，1930 年

從內容和編纂單位來看，本書的預設讀者設定為來臺的日本人。反過來說，我們今天可以因而審視：以來臺的日本人立場而論，要在這南國的島嶼上安身立命、發展事業，得先具備哪些常識？

　　全書分成 24 大類：文藝、慣習、風俗、會話、食事、衛生、植物、果物、動物、鑛物、山嶽、土產、物產、旅行、歷史、社會、新聞雜誌、地理、行政、銀行會社、官衙長、協議會員、俱樂部、度量單位。以現今眼光來看，第一章居然是介紹各家文人歌詠臺灣的文藝作品，真的是讓人訝異；今日到書店買任何一本外國旅遊書，想必不會有人將歌詠美國或芬蘭的詩歌列為首章介紹。「文藝章」除了日本文人歌詠臺灣的俳句詩歌外，也介紹了臺灣本土歌謠、童謠，此外亦收錄了分量與漢人歌謠一樣多的原住民歌謠。值得一提的是，其中所收錄的原住民歌謠，全部都是原住民語的音譯，並非日文的譯文，只有在標題標示這首歌是在什麼場合使用，猜測應是為了讓讀者快速學會原住民歌曲的作法。

　　「風俗章」介紹了聖樂、十二腔樂、郎君樂、南管、北管等九大類，有些樂曲現今恐怕已經失傳了。有趣的是，同一章的「臺灣的珍職業」所介紹的職業居然是牽豬哥、閹豬、閹雞、閹牛、飼鴨、釣水蛙、賣花、補碗補鼎、賣肉骨等九項，光是與動物養殖捕獵的行業便佔其六，不知編者選錄的依據為何？

　　「會話章」只佔了 15 頁，出乎意料的少，然而仔細想想，

臺灣話的複雜程度足以寫成一部百科全書，那還不如輕描淡寫，表過就算。

「食事章」介紹道地臺灣菜的食譜，除了一般菜色和甜點，還有各種糕餅和漬物的製作，若想嚐嚐真正道地的臺灣味，不妨照食譜親自做做看。

當時來臺日人最大的健康威脅是各種熱病、腸胃病，「衛生章」詳敘各種疾病防治及治療，毒蛇的種類與被咬時的急救，以及養育嬰兒的注意事項。

02

02《臺灣常識是れは便利だ》食事章

至於書的後三分之一左右，則介紹臺灣的各官衙、行政、銀行等，作為在臺經商行政時的參考。

　　總的來說，這本開數不大，頁數僅達五百頁的「百科全書」，具體而微的成為「日人來臺須知」，在時代的洪流裡，它意外地成為一塊化石，永遠將臺灣的 30 年代留存下來——一個經過日人高度行政建設與工業開發、漢蕃文化鮮明、熱情而神祕的熱帶南國。

　　才過不到十年，我書架上已有幾本自己想起來都會嚇一跳的老文獻，這本書相形之下算不得什麼稀罕珍品。不過那一晚，在舊書店內買下這本書，踏出收藏臺灣文獻第一步的魔幻時刻，已在我生命中留下深刻印記。

舊書的趣味：
稀、奇、古、怪

一本舊書如何稀奇古怪，存乎一心，
真是可愛得教人著迷啊。

自北宋以來，對於何謂「善本」，人人定義不同。清朝張
之洞將「善本書」歸納為「足、精、舊」三字——足本：沒有
缺卷，未經刪削；精本：文本精校、精注評點；舊本：舊刻、
舊抄的老書。中國在晚近也訂出善本書目收錄的標準為「三性
九條」，主要是指歷史性、學術性、藝術性三方面而言。

吾輩市井小民，玩不起也看不著這些善本古書，今天要討
論的是：可愛的舊書。

看過臺北舊香居舊書店的一篇訪談錄，座談者之一的高雄
老師提到：「舊書予人迷惑之處就在『稀、奇、古、怪』這
四個字。」這四個字通俗淺顯，只可惜這篇訪談對於舊書的
「稀、奇、古、怪」之可愛僅點到為止，未曾深入解釋。吾拾
人牙慧、借題發揮，整理我心中所謂舊書的稀奇古怪。

稀者，稀少也。也就是這份刊物／文書發行數量原本就少，造成「物以稀為貴」的道理。陳克華發行第一本詩集《騎鯨少年》時，不過就是個學生；後來由於出版社歇業，只好把已經印製的詩集全部寄送給陳克華自行處理。印象沒錯的話，陳克華拿到書後是把它藏在床底下的，既然床底藏得下，想來數量不會太多，說不定比夏宇《備忘錄》所出版的五百本還少。於是，初版的《騎鯨少年》成為我心中比《備忘錄》更少見的逸品。其他還有許多個人的自印本、手抄本、限量版，因為發行有限，自然可以歸納進「稀」這一塊。近年價格飆升，吸引網路舊書收藏者目光的書，大多都符合這「稀」字，若隨便跑個三家舊書店便能找著的書，大家就不必在網路競標得死去活來了。

有些刊物當初發行數量並不一定少，只是留至今日的數量很少。例如報紙，今日發行數萬份，明日就全部拿去包花生包檳榔了。不過，這不是說舊報紙因此就珍貴，除非還要附帶兩個條件——奇和古。

奇，在我的定義，是指題材、體裁、作者等的獨特性或重要性，或者內容與裝幀至美至精。一份平平無奇的報紙，上面會因為報導了美麗島事件而特殊。一樣是豐子愷簽名的作品，他在臺灣簽的名，佐證了他曾受邀來臺的史實，因此硬是比他在中國簽的名珍貴（當然，這也包含了「稀」的意義在裡面）。許多被查禁的書籍雜誌，也可以算得一個「奇」字。

溫瑞安號稱每日可寫數萬字，著作豈止等身；但市面流通

最廣、單本價格也最低的，是他的武俠小說，在網路拍賣的價格常常比運費還便宜。而他早期的詩刊、文集、社團史，單本價值遠超過他大量生產的武俠作品。何故？武俠小說作者寫武俠小說，不奇。武俠小說作者寫詩寫純文學搞社團，奇也。（事實上也可以這樣看：一個從小就創辦詩社的文藝青年，居然寫大量武俠小說，也是一奇。）

西川滿本身就可說是個奇人，他的出版品裝幀精美，也能算在「奇」字下。他返日後，還自創「日本天后會」宗教，信奉媽祖，發行雜誌，更是一奇。其中以西洋版畫方式所繪的媽祖，那真是奇中之奇了。

古者，就是古，還用解釋麼。但是多少年前才叫古？我們觀察二手拍賣或舊書店的標價，若不因物品的稀、奇、怪而加分的話，近二十年來的書都算新書，要打原價六到三折賣。到 1980 年代的一般書籍，因書況更差，會更低廉。1970 年代的書，因為「五年級懷舊風」正盛，價錢可能反而比 80 年代的書高。1950、60 年代的書，距今也有半世紀了，價格比之70 年代的書又要高些。年代進入日治時期的書，嗚呼，經常都是破千的，教人如何不傷心。萬一日治的書居然還是大正時代的，年分已堂堂邁入百年了，那價格常要教人賣血。如果書後年分開頭寫的竟是明治、光緒，不要說是書，就算只是一張當時紀錄隔壁阿狗欠我蕃薯一斤沒還的破爛字條，也要人省吃儉用一陣子了。

當然，以上舉的例子只是一般而言，不代表所有的書皆適

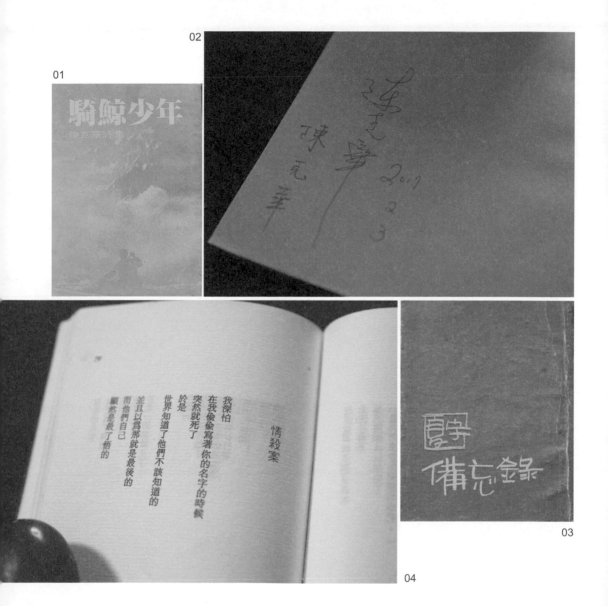

01

02

03

04

情殺案

我深怕
在我偷偷寫著你的名字的時候
突然就死了
於是
世界知道了他們不該知道的
並且以為那就是最後的
而他們自己
顯然是最了悟的

用；書商訂的價格，也不完全代表該書的價值。

「怪書」和「奇書」我斟酌了一陣子，思考要怎麼區分。
我想怪書指的是內容發人之所未發，甚至是帶點情理不容、顛
覆常規、驚世駭俗、玄奇迷信的書。如李宗吾的《厚黑學》、
周大荒的《反三國志》、張競生《性史》、幾年前被禁的鶴
見濟《完全自殺手冊》、科舉時代的小抄、民間手抄符籙、科
儀、藥書等等。有些怪書的內容放到今日來讀，被視為正常，
但在當年卻是全球創舉；有些則當年是居家必備常識，放到今
天卻成為前所未聞的迷信；更有怪書無論放在哪個時空，仍是
怪書──這，就是怪書的魅力。

這就是舊書的特色：不必正襟危坐地談「大字足本」、「評
點精校」；學術貢獻、裝幀技術不是重點；甚至可能一派胡
言、白字連篇──一本舊書如何稀奇古怪，存乎一心，真是可
愛得教人著迷啊。

舊書盛世

有了網路拍賣，至少造成了這四個影響：
舊書店老闆不必當法官、舊書一頁賣幾百元、
舊書店紛紛關門、舊書店紛紛成立。

販賣舊書，由來已久。在臺灣來說，形成販賣舊書的聚落並蔚然成風之發軔，自是指向牯嶺街的舊書攤了。二次大戰結束之後，在臺日人遣返日本時，只准帶些日常用品，圖書攜帶的種類與數量也有限制，遂乾脆送人或賣給小販；因此，大批日文圖書流入舊書市，書販開始聚集在牯嶺街擺攤，形成戰後第一波舊書業的興盛。

之後，全臺舊書店漸漸發展，成為愛書者及文獻收藏者淘寶之處。早年的舊書店，每家多少還有些清治乃至日治時期的古書，然而在幾十年來書癡的淘寶之下，早就被蒐羅一空；除非這些書店勤於收書，主動出擊，好比建立人脈網絡注意各大學教授、文壇名家、黨國元老什麼時候離開老家或者回到「老家」以接收其藏書，或者勤於聯繫各回收場、跳蚤市場、圖書

館以披沙揀金挑出好書。否則縱使是老店，也有坐吃山空或者淪落到只買賣學生舊課本的困境。

舊書店認真挑得好書，自然希望換來好價錢。然而舊書店的舊書，價錢該怎麼訂？大哉此問，此中幽微細膩的心理掙扎與千頭萬緒的經濟理論，絕非吾一個外人所能瞭解，但是我仍然想試著理出一個大概的線索。

網路上常有人罵曰：我千辛萬苦把書搬到某舊書店，他們居然只肯以原價一成收購，忍痛賣出，若干時日後在該店看見我的書，標價竟然是收購價的好幾倍，簡直暴利！

這樣的說法，以一個賣書給舊書店的人而言，完全沒錯。高中畢業時，曾把一大袋比人還重的課本扛至書店，賣得區區五十元這等悔不當初的價錢。但是以一個舊書店的經營者來講，有一個重點：今天買進來的書，可不是全部都賣得出去的。好比說，可能今天進了十本書，每本只用十元購入而花了一百，但是這十本書擺了十年，也才賣出一本，賺了五十元。

而且事實上是，大部分人家清出來的書，都不是很好賣——如果是那麼好賣、人見人愛的書，就捨不得清掉了。所以我完全可以諒解舊書店營業時的戰戰兢兢。

除非：一、你和舊書店夠熟。二、舊書店願意和你以書換書。三、舊書店也很敢買好書，是以買進時不是秤斤算、不是一成價算，而是逐本視其市場而議價。

但是並非每個人都和舊書店老闆有交情，舊書店也不一定願意和你以書換書或逐本計價，所以很多人要把家裡的書出

清，並不找舊書店，而是自己當頭家上網把書賣了——這牽涉到近代網路拍賣崛起後對舊書店的影響，容後再論。

大部分舊書店幾乎什麼樣的書都收，所以我們能在一家舊書店裡，從門口看到出清一本十元的言情小說和過期《壹週刊》，裡面是雜誌、教科書、論文、勵志小品、寫真集、漫畫……種類不一而足。不過，也有些舊書店鎖定顧客族群，專門挑有年代的、珍貴的、稀有的書來賣，這樣的舊書店已然跨界「書店」與「古玩店」之間了。有些書店老闆並不滿足於在資源回收場中大海撈針，而是反客為主，尋找全臺藏書家或古董店買入古籍善本，例如早年臺北的妙章書店；有些書店經營古籍善本買賣打出名號，自然會有俗稱「販仔跤」（huàn-á-kha），也就是自己沒有店面的生意人拿貨上門兜售，臺北百城堂書店即是。由於貨源不是從俗稱的「古物商」（資源回收場）廉價買入，所以這樣的舊書店書籍價格較高於一般舊書店。

然而，這樣的情況在近十多年來有了改變。

二十幾年前，Windows 電腦系統以極為平易近人的介面問世，沒讀過電腦相關科系的人也能輕鬆操作，加上網際網路與軟硬體的突飛猛進，今日的資訊流通才真正能以「瞬息萬變」來形容。倪匡說得好：「電腦很快就連上網路——這種現在連小學生都會運作的聯絡方法，在二十年前還是屬於神話範疇之內的事情。」

或許有人會問：「電腦發達，與舊書店有什麼關係呢？」

01 百城堂書店

有的。除了電腦相關商店，慢慢取代了光華商場地下街的舊書店之外。

2001 年，奇摩拍賣正式成立，至今已 17 年。拍賣系統中有一個「圖書與雜誌」分類，這一來將舊書業自戰後五十多年來所發展出來的經營規則和產業結構投下一枚震撼彈。有了網路拍賣，至少造成了這四個影響：舊書店老闆不必當法官、舊書一頁賣幾百元、舊書店紛紛關門、舊書店紛紛成立。

等一等，到底在說什麼？喔，我說得太快了，我一樣一樣解釋：

古早時代，家裡有多餘的書，是賣給收破爛的，換支「糖含仔」（thîng-kâm-á）吃吃；有舊書店之後，則把書打包用機車載到舊書店賣，老闆會以法官判決的語氣說出價錢；若你不服，只得又把書原封不動載回家惹得老婆母親責罵，所以為了家庭和樂，通常仍會接受價錢。然而有了網路拍賣，人人都能當老闆，自不必到舊書店讓老闆當法官也。

有些舊書，堪稱海內孤本，價格自然不低。在以前，還得和老闆慢慢搏感情、殺殺價，卑躬屈膝才能減個零頭，這叫「慘」。如今在網路拍賣，看到了追了大半生的珍本，可沒以前那美國時間說「老闆你先幫我收起來，我下次再來」，非得在幾日內做出決定；而且這次和你對立的人不止是老闆，還有和你一樣瘋狂的數名競標者，往往因為意氣之爭，才不過幾頁的小書，標到上千成萬，等於一頁就要幾百上千元，這叫「慘重」。若干時日後，又在網路看到一樣的書，因為競標者少

了，結標價錢竟然只有當初得標價的一半不到，這叫「慘絕人寰」。

在舊書店裡要找一本特定的書，何其困難。舊書店大多書堆成山，重重疊疊，找書非得有愚公移山的精神與陶侃搬磚的實踐。然而在網路上，纖指輕移鍵入書名搜尋，目標便可能在轉瞬間出現。由於網路拍賣流動速度快，賣出的書多，新上架的書也多。有些老藏書家追了大半生的書竟然常常出現在網路拍賣裡，逼得這些老藏書家也不得不戴起老花眼鏡學電腦。嗚呼，網路拍賣竟方便至斯，教一般舊書店如何營生？因此，若非名氣大、信用好、客源穩定的舊書店，還能單純以實體店面經營；近年來的舊書店，已有越來越多兼營網路拍賣；不諳電腦的老老闆，也非得拜託兒孫或聘工讀生把書掛上網不可。

02

有了網路拍賣，雖然造成部分實體書店營運停滯，但虛擬舊書店卻蓬勃如雨後春筍，紛紛成立，造成繼戰後牯嶺街書市以來，光華商場的第二波舊書買賣盛世衰退後，第三波

舊書嵩賣的人流行。去看看網路拍賣，標題冠上店名「舊書批發」、「絕版書」、「二手書」……，各家經營得有聲有色，書籍上萬本者有之，書籍只得一櫃者亦有之。總之，百家爭鳴，百花齊放，真如同廣告詞：什麼都有什麼都賣什麼都不奇怪。

造成舊書買賣第三次大盛的原因，除了網路拍賣之外，自然還有「論書網誌」的流行。早年論舊書店，只有魏子雲、陳芳蓉、子朴等作家在刊物散見介紹，少有專書論述。21 世紀

02.03 舊香居

03

後，免費網路空間林立，愛書人的個人專屬平臺建置再容易不過，蠹魚頭、紙上極樂、老淘、果子離等舊書收藏、評論家活躍網上，設立專屬網站或結集成書，追隨者眾，只要評論家欽點某書，該書身價則水漲船高，也間接影響了新一代五、六年級生買舊書的風潮。有新一代的收藏家，自然有新一代的舊書店；舊書店也紛紛擺脫舊有的霉味和塵埃，以寬敞、明亮、文藝為號召，於是如舊香居、午後書房、莽葛拾遺、茉莉書店等新型舊書店應運而生。

但對單純的買書人來說，最重視的影響仍是舊書店訂的價格是否也有所調整。由於網路的發達為舊書買賣掀起了一場大變動，網路拍賣成為新一代藏書家買書、賣書、喊價、估價的場域，也因為論書網誌與網路拍賣的互相影響，部分舊書價格也炒作得比天還高。我曾列印一些網路拍賣結標的紀錄給百城堂老闆看，老闆推推眼鏡表示：「一樣的書，網路上賣的都比我賣的貴好幾倍。這些書有那麼少見嗎？」

然而不能否認的是，由於網路平臺便於炒作或競標的特性，舊書的價格越來越高，許多舊書店老闆不再用簽字筆憑書籍重量在書後寫數字，而是請工讀生上網查詢該書的價格，再列印條碼黏貼封底。作為買書人，網路的方便迅速是幸，相對而言，書價因此不斷上漲，則是不幸。

我常常不知道
我買那本書幹嘛

理由有時義正詞嚴，
有時不便說明，有時不知怎麼說明，
有時不足與外人道也，
有時，真的自己也莫名其妙。

我常常不知道我買那本書幹嘛。別笑，是真的。

在凡事都能電子化的今日，生活上有任何疑難雜症，從如何做鹹鴨蛋到如何做中子彈，大概都能在五分鐘內在手機上點劃出答案。於是很多人問，那還買書幹嘛？這麼淺薄的問題，我還是回答一下好了。小時候讀兒童科幻讀物，常常讀到說 21 世紀時，人們將不用再花時間進食，三餐只要服用營養丸，就能滿足一天的能量。然而邁入 21 世紀已經多久了，我們仍然樂於花上兩小時，排隊在吃到飽餐廳，咀嚼咬不太動的牛肉，啃吮多殼的蝦蟹。絲毫感受不到想用營養丸取代正餐的意圖。

科技的進步或許讓養分可以「速食」，然而進食過程的五感體驗，依然是我們用餐的最大享受。閱讀也是如此，手上的承重、皮膚與木質的接觸、油墨紙漿的氣味、翻頁的唰唰聲、

裝幀的細緻美感，永遠是電子書想企卻不可及的目標。更不用說全球出版品的內容尚未全盤電子化，書中的文采巧思、知識經驗，依然得經由閱讀才能獲得。

又有人問了，那去圖書館借書也行，何必買書？這個建議很好。以借閱代替購買，既可省下購書的錢，又能減少印書量，拯救消失中的熱帶雨林。

這就是為什麼我越來越少買新書的原因——我買的是舊書。

新書店（賣「新書」的店，不是新開的書店）和舊書店（賣「舊書」的店，不是開很久的書店）的不同之處，打個比方，新書店像是一個花園，我們看到的多是剛開的鮮花，前幾日開的花不是被買光了，就是沒人買而被園丁拔掉。這個花園看起來雖然精彩漂亮，但我們只能看見地表上今天剛綻放的部分。而舊書店是書籍餘生的見證之處，是花園底層的肥沃土壤，所有昨日有用的、沒用的、漂亮的、醜陋的花葉之最終長眠地。在這裡我們可以撥開砂礫，找到經過時間之流洗滌後更熠熠生光的寶石。

所以我逛舊書店，買舊書：圖書館借不到，所以才買；已經絕版不再重印，所以沒有砍樹的問題。

這種買舊書的興趣是家父傳給我的。我幫忙老爸整理他買的書時，常出現的對話如下：

「你買一大堆講『幽默』的冊創啥？」

「看人欲按怎『幽默』啊。」

「拜託咧，這號《家有賤狗》的尪仔冊你嘛咧賞？」

「看戀狗偌趣味咧。」

「批一大堆『柳殘陽』的武俠小說，彼敢好看？」

「伊寫主角手一下拍出去，歹人人頭就飛出去，有夠過癮（kuè-giàn）的！」

「你是有時間看呢？」

「等退休才來看。」

——你看看亂買書買得有多理直氣壯。

縱然買書如此理直氣壯，我還是常常買回我自己也不知道買這本書幹嘛的舊書。

有一次我遇見臺灣文史界的前輩，他以收藏日治時期地方文獻聞名。我看著他手裡拿的日文雜誌，問說：「你看得懂日文喔？」

他說：「看不懂。」我遂想起書包裡也放著一本西川滿的《赤嵌記》，於是與之相視大笑。

真的，我也不知道我看不懂《赤嵌記》卻接連買了四本要幹嘛。但是翻開臺灣文學史，讀一讀西川滿在文壇的影響力；翻開《赤嵌記》，摸一摸立石鐵臣版畫的細微凹凸，感受在函套保護之下歷經七、八十年依然七、八成新的感動，一切有了原因。這樣的舊籍，偶爾拿出來欣賞版畫、撫摸紙質、聞嗅書香，心滿意足矣，繼續塞回書櫃。至於日文，總有一天會學的，或許明天，或許下輩子。

就算是看得懂的書，也未必想得通買它做啥。近年來陸續

01 《赤嵌記》
西川滿，1942年，
東京書物展望社

02 《四言雜字》
李開章編，大正年
間，斐成堂

03 《四言雜字》
各種版本

在網路、實體書店購得數本客家《四言雜字》，大多是清代抄本，所載內容與現今流傳竹林書局版本有極大不同。竹林書局印行版本，乃由日治時期李開章重編之「斐成堂版」內容而來，也是如今學界研究《四言雜字》的文本依據。這本書的內容我看得懂，然而又如何？我非歷史學者、亦非人類學家，多一份清代客家人的臺島紀錄，既不能升職，更無法加薪，甚至難以成為聚會聊天的話題。然而讀著近代學者論文，言及遍找不著原版《四言雜字》，只好憑藉竹林版改寫本大作文章，心中不禁浮現一種「嘿嘿，原來你們都沒有」的虛榮優越感。這或許就是收藏它的過癮。

01

02

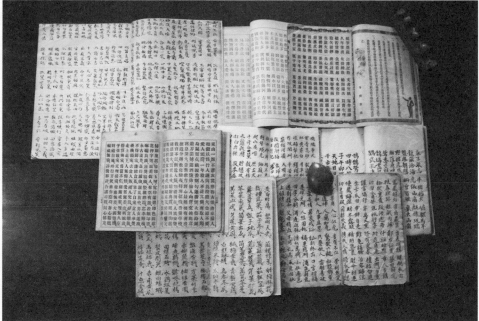

03

所以，面對不同的舊書，買它幹嘛？理由有時義正詞嚴，有時不便說明，有時不知怎麼說明，有時不足與外人道也，有時，真的自己也莫名其妙。

　　就像前陣子，帶回一本清水藤太郎於昭和 16 年（1941年）出版的《漢方掌典》，這本中醫專書和我的興趣、志業、工作毫無關係。買它幹嘛？我也不知道。但是，當我在舊書店陶侃搬磚似的，搬移過百本掉頁蒙塵的舊書，這本品相漂亮的精裝本終於出現在我眼前時，就像在大海裡撈到珍珠。翻開內頁，滿滿都是各色鉛筆、沾水筆寫的眉批，原書主增補的分量恐怕不亞於原書鉛字，甚至函套外還黏貼了一個小紙套，裝滿了報紙的中醫專欄文章。問過老闆，不過幾百塊錢；但我的價值觀告訴我，光是這本書的品相就不止這價，原書主所做筆記剪報的工夫，更是遠超過金錢所能衡量。有啥好說的，帶走了。於是，書架上又多了一本──我也不知道買來幹嘛的書。

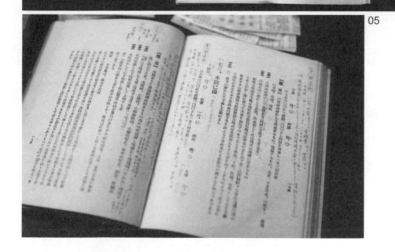

04《漢方掌典》與原書主剪報

清水藤太郎，1941 年，藥業往來社

05《漢方掌典》上原書主的筆記

撿漏的故事

可以想像成，
撿到精明的漁夫網下，
僅存的漏網之魚那種驚喜。

撿漏，意指以極低的價錢購得物超所值的物品。

所謂極低價錢，要多低才叫低？這要講到一個概念，叫做「C/P 值」，英文原為 Price-performance ratio，意為性能與價格的比值，在非正式場合，通常簡單寫為「CP 值」（Capability / Price）。CP 值越高，表示越物超所值。一顆蘋果賣五元，以現在物價而言 CP 值很高；一顆蘋果賣五千元，無論它再怎麼好吃，CP 值都算低，不值得買。

買舊書也是如此，若能以期望的價錢略低的金額購得，CP 值夠高，那叫撿便宜；若以遠低於期望價錢的金額購得，CP 值高到破表，那叫「撿漏」──大抵可以想像成，撿到精明的漁夫網下，僅存的漏網之魚那種驚喜。

撿漏是藏書家之快事。可在書話文章中很少見作家提及撿

漏之故事，原因可能是：一、暗爽不可讓人知，讓人知則引起嫉妒。二、低價買入不可讓人知，讓人知則該書無法哄抬售價。三、撿漏不可讓人知，讓人知則對賣家名譽有損。四、撿漏的機會本就罕見，沒那麼多撿漏的經驗可寫。

「撿漏」故事鮮有人提，我寫這檔事應該不會撞題，但這種故事其實人人愛聽（至少我很愛聽），我就紀錄些撿漏的故事。我一來信任諸位方家雅量、二則反正藏書不擬販賣、三則不透漏賣家身分，無損己彼，又能增添讀者茶餘飯後的談資，何樂不為。

前些日子與家母在臉書傳訊息，她說：「你爸剛剛去撿了漏，高興到一直跳。」我連忙詢問老爸撿了啥漏，他說是《支那語大詞彙》（石山福治編，東京：文求堂，1925 年），一本跟磚塊差不多厚的老中日詞典。當時老爸拿去櫃檯問價錢，櫃檯回應曰：「八……」在那百分之一秒內，老爸直覺是八千，正想放下，在電光石火間轉念一想：「不對，搞不好是八百，如果是八百就可以拿。」說時遲那時快，店員已經將下一個字吐出：「……十。」老爸差點當堂樂得哈哈大笑，不敢再問，丟下八十元飛奔而去，騎車回家路上把《快樂的出帆》唱了又唱。

父親雖然樂得把這故事一晚向家母連提六遍，不過我聽了卻異常冷靜。因為比起這個，我倒覺得多年前家父撿的漏，才是大漏。

《支那語大詞彙》是一本中日辭典，吾家並不專攻訓詁學

或字典編輯，其實也就是書架又多了一本「我不知道我買那本書幹嘛」的書而已。吾家父子真正興趣放在本土文獻上面，有時在網路拍賣，父子分隔兩地不小心還會搶標同件商品。

「爸！欲結標彼張相片，你莫閣出價矣，你無看著彼帳號是我是毋？」

「喔是你喔，我曷知？攏英語我也看無啊。」

有一回我們相中李獻璋的《臺灣民間文學集》（王詩琅發行，1936 年），在網路拍賣砸下重金準備與眾多藏家廝殺，結標時間結束，價錢升到五千餘，仍無人達到底價，宣告流標。想不到沒過多久，老爸在一家專賣過期雜誌和回收教科書的舊書店，連今天坊間的各種舊書店導覽書都忽略掉的地方，找到《臺灣民間文學集》。

天意乎？老爸微微顫抖地捧著這本書，仰天無言。昨日錯過的書，轉眼竟到眼前來。如今的問題只剩：多少錢？老爸多挑了幾本無關緊要的雜書作為掩飾，拿給老闆，老闆五塊十塊的數，翻到那話兒，頓了一下。

「這本古冊，較貴喔。」

早知逃不過老闆的眼睛！老爸準備迎接審判到來。「偌濟？」

「五百箍。」

說來老爸買書年資已滿半世紀了，在買書這方面他根本成精。他聽到這價錢，趕緊用一個咳嗽掩飾笑意，而且立刻做出反應，軟土深掘：

01 《支那語大詞彙》

石山福治編，1925 年，東京文求堂

02.03 《臺灣民間文學集》

李獻璋編，1936 年，王詩琅發行

「啥物五百，無啦，這本冊適舊。」老爸堅定地說出一個不可置信的價錢：「三百啦。」

不過比起三百元買到《臺灣民間文學集》，我還是覺得這本書會出現在該舊書店較為不可置信。

這就是買家和賣家之間的攻防戰，比的是知識與情報。然而真正說起來，其實都是雙贏，沒有輸家；買家縱使撿到驚天大漏，對賣家而言，不可能賠本賣出，還是有賺。當銀貨兩訖的那一刻，賣家得到利潤，買家得到滿足，圓滿無瑕；賣家又有資金繼續進貨，買家又有撿漏的故事偷偷跟你說，還有比這更完美的事嗎？

雖然人們常說，舊書這種東西沒有一定價格，要視當時市場的供需法則和賣家心情而定；然而大略上來講，一定的「行情」還是有的。這也就是為什麼我在舊書店裡，常先翻翻舊書，再翻到封底看鉛筆書寫的價格，往往都和我預料的差不多──一言以蔽之，某本書乃至某種類的書，還是有一定的「行情」可以估計。

由於我對日治時期臺灣研究的資料有些興趣，對於日治時期出版的臺灣事情、鐵道、物產、語言、地理相關書刊，縱然買不起，翻翻也是過癮的；於是翻過的書累積到一定程度，對這一類的書籍行情也有了個認識，某日遂突發奇想──這一類的書，是不是能導出一條公式，來估計其大略的價格？

一般來說，書是越大本、越厚越貴。也就是可以用開數和頁數來約略衡量其價格。開數的數字越大，書頁面積反而是越

小，這點是計算時要注意的。

雖然有時相同的版面，文字能比圖片說明得更深入，然而舊書界有一個現象，就是圖片比文字值錢，因此老相簿往往能競標到天價。有些書籍內頁有相片、地圖等，這些相片和地圖所佔的頁數，也該獨立出來計價。

開數、頁數和圖片在該書剛出版之時，就影響了該書的價格。一本又大、又厚、圖片又多的書，在大正年間剛出版時也絕對不會是親民的價格。然而隨著歲月的洗禮，這本書多了兩項左右其價格的變因：年分與品相。

首先，年代自然是決定價格的條件之一，年代越久，書籍損壞佚失的機率越大，能保存下來的書自然彌足珍貴，因此要加一條公式為（2018-n）×D。n 為該書西元出版年代，D 這個係數尚未知。

若年代雖然久遠，但因蠹蝕水漬等因素而品相不佳，價值自然也要打折。書況到底如何量化，是一個只能自由心證的問題，通常在網路拍賣上會用「五成新」、「八成新」乃至「全新」等形容詞說明品相。在這個項目，則要加上（x/10）×E 的項目，x 為書籍是幾成新，E 係數尚未知。

最後還要考慮到這本書有無題簽或書主簽名，簽名者是沒沒無聞之輩，那就罷了，若是名人，自然還要加價。

綜合上述，也就是說一本日治時期的臺灣研究書籍，其估價的公式是：

〔（1/ 開數）×A ＋（總頁數）×B ＋（圖片頁數）×C〕

04《臺灣博覽會誌》

1939 年。厚達千頁，在當年是非賣品，我真想知道若有發售版的話會是多少錢。

05《臺灣紹介最新寫真集》

勝山吉，1931 年，勝山寫真館。滿滿的全是相片，定價六圓——當時公學校老師月薪大約十七圓，就可以養飽全家了。

06 有函套保護的書

若書有函套妥善保護，函套雖破，書況倒還可以像剛出版的一樣。

05

×〔（2018- 出版年代）×D〕×〔（幾成新/10）×E〕＋簽名價值

　　而至於 ABCDE 等係數是多少，那當然還要多累積樣本來慢慢推敲了。

　　這等胡思亂想，為藏書估價，說來市儈得可笑；然而豐子愷〈夏天的一個下午〉就說了，夏日午後，百無聊賴，自然是要找些樂子來消磨的。曾經有些科學家，大約是牛頓吧，相信終有一條公式可以闡述宇宙萬物運行的奧祕；今日小子突發奇

06

想，信手塗寫計算舊書價格的公式，實在不值一哂矣。

　　事實上，賣家絕對不會有這種公式來決定訂價的。就好像演講比賽，評審老師的分數表雖然會明訂內容、臺風、儀態等若干分，但鮮少有評審真的照這些項目一樣樣打分數再加總——通常是先打好一號參賽者的分數，二號參賽者的分數就以一號的分數作為基本分數來加減。

　　所以賣家通常並不是依開數、頁數、圖片等項目個別打分數，而是依以前售出的書籍價格作為參考價錢，再去斟酌，例如：「上次片崗巖的《臺灣風俗誌》賣了一萬，這次這本比較小本，沒那麼厚，大概六千——不過加上老照片，書況也不錯，算七千五好了。」所以這篇所說的公式，誠然純為異想天開，聊作消遣云爾。

偽作贗品的故事

遇上贗品還能如何？
自己認了，當作繳學費。

　　買舊書多少也會接觸到舊貨、文物、老字畫，無論是收藏
哪一種，都可能一時走眼而吃虧。但是買到假貨這種事情，傳
統上自己是只能吞下去認虧的；眼力不如人，再練就是了，也
不會到處嚷嚷。所以在古書或文物收藏的文章裡，很少見到作
者自曝買到偽作之事。

　　但是我大概並非典型收藏家吧──藏書家有很多種，有些
人是最多善本古籍的藏書家、有些人是創刊雜誌藏書家、有
些人是禁書藏書家、有些人是簽名本藏書家，我呢，高不成
低不就，不過要號稱是「全臺灣最讓人看破手腳的藏書家」，
應該咸認公允。2009 年開始寫書話部落格，自 2013 年開粉
絲團，一天一篇，收藏什麼、底細多少、有料沒料，一清二
楚。

既然都最讓人看破手腳了，就再自曝其短一下，寫寫遇到贗品的故事，料想無妨。

贗品一：劉墉長卷

話說我有一個小時候便認識的朋友，畢業之後，我收舊書文獻，他收字畫，各玩出一點天地。想想我們班才多少同學，就出了兩個收藏癖怪人，校方應當去考察當年我們寢室的風水才是。

我與友人收的東西不同，這點我很慶幸，否則在網路拍賣看上同一件東西，兩人明槍暗箭廝殺競標可傷感情了。但我們偶爾也會交流一下，畢竟文史藝術本一家，有些東西是相通的。和他混久了，漸漸的我也跟著他看了一些偽作。

有一次，他給我看一張劉墉的長卷，所謂長卷就是把字畫裝裱為長軸一卷，通常是橫看，諸君想像荊軻刺秦王「圖窮匕現」的那張地圖就知道了。

而這個長卷的作者劉墉呢，並非《我不是教你詐》那個劉墉，是宰相劉羅鍋那個劉墉，因此他展卷給我看時，我都屏住氣息了，媽媽咪呀劉羅鍋的真跡就在我眼前這樣給我剛挖過鼻孔抓過胯下的手撫摸這可以嗎？

看完之後，他神神祕祕地跟我說，這張是假的，是有人拿真跡來「雙勾填墨」仿出來的。什麼是雙勾填墨呢？就是先描出字的外框，然後再把中空處用墨填滿。——當然這裡的用墨填滿，跟漫畫家助手在空白處貼網點或塗黑的技巧不一樣，填

墨還是要填出這個字的骨肉出來，然而偽作畢竟是偽作，行家還是看得出蛛絲馬跡的。

那邊有朋友問了，那我看不看得出來？我如果看得出來，我還不發達了能在這裡閒嗑牙？友人好意教我看哪邊字的周圍比較黑、中間填墨處比較淡云云，初時完全看不出來，但聽他指點後，不知是我也有慧根還是心理作用，也依稀彷彿好像八成大概可能有點看出來了。

贗品二：劉太希信札附信封

我曾在網路拍賣上買過一份劉太希信札，還附有信封。但我一直懷疑是假的，主要是信紙太新，這東西一放幾十年，信封都黃了，裡頭的信札卻潔白如新——不是不可能，但不常見。總之人家網拍時就言明：這商品是人家寄賣的，下標時請謹慎考慮，貨物出門概不退換。雖然心中懷疑，鼻子一摸也只好攔著，把這張信札和其他小張書法文獻放在資料夾裡，一同保存。

有天友人大駕光臨寒舍，我生怕家中俗物污了朋友法眼，立刻把那本資料夾拿給他清玩消遣。他一路翻閱過去，翻得流暢之至毫不停歇，代表整本資料夾沒什麼精品值得停留賞玩。說時遲那時快，翻到劉太希那頁時，突然停頓下來。

原本我也把這張信札給忘了，此時見他停頓，我心中一凜，想起先前懷疑之事，我忍不住開口：「嗯，這張——」

「這張是假的。」他說。這句話印證了我的懷疑。

我本還想充內行說我也知道信紙太新之類的話，但是他的證據是指出這張字，哪裡轉折猶豫了一下、哪裡筆力不足云云，要當劉太希還不夠水準，除非劉先生當時感冒了。我才知道我和他功力的差距，差距大概有華山派的梁發和風清揚那麼遠。

　　細一推敲，應該是賣家把原來信封裡的真跡拿出來了，也有可能賣家一開始收到東西時就是空信封，總之空信封搭上一張偽作，可信度大大提高，又是一件賺錢商品。不過，那家店本來就有販賣偽作書畫的惡名，友人得知來源，只說不意外。

　　還能如何？自己認了，當作繳學費。

贗品三：于右任監察院用箋作品

　　有一次在舊書店看到數張于右任的書法，都是寫在監察院用箋上。

　　眾所皆知，右老是監察院院長，在監察院用箋上寫寫字，真是太合情合理了，不是嗎？

　　但老闆看我翻閱，大概怕我上當，主動跟我說是假的。原來老闆當年有一個客人，自稱祖上是于右任祕書或相關職務，家裡留有很多監察院文獻，也真的曾賣給老闆許多件。

　　最後，客人拿出那幾張于右任出來，說都是祖上傳下來的，不會有假，半賣半推的硬塞給老闆了。老闆買了回家細看，不禁癱坐在椅子上，根本每張都假的！更令人哭笑不得

的是：這幾張偽作所用的監察院用箋，就是從老闆那裡賣出去的。

　　原來老闆在早年曾經收到一批沒使用過的監察院用箋（順便跟大家講一下監察院用箋長啥樣，就是一張 A4 空白信紙，左下方印著「監察院用箋」紅字，如此而已），一整疊大概有三、四十公分那麼高，那大約也有一、兩百張吧；結果有天來了個客人，整批買走了，老闆特別吩咐：「買去不要作偽啊！」買者還滿口答應。

　　結果這批空白信箋被買走後過幾年，市場上就到處都有寫在監察院用箋上的于右任偽作了。

　　我聽了大感興趣，把那幾張于右任拍下來傳給友人看，故意只傳照片，我沒有多提旁的。不久友人打來詢問，說他覺得很對，我這時才據實告知這是假的，友人不信，說待他去找書畫界朋友再聯合會診看看。

　　幾天後問起這事，友人說他和一群朋友聚在一起看我傳的相片，大家經過了一番爭辯，「我看像于右任」、「我看倒有點像稿紙」、「真像一塊塊綠豆糕」，最後還是公認──假的。我笑罵這豈不是廢話嗎，老闆早就跟我說了不是？

贗品四：謝琯樵水墨畫掛軸

　　謝琯樵，清代福建詔安人，以兵備道幕府身分來臺遊歷，詩文音律書畫兵法擊技無一不精；後世人稱「臺灣文人書畫導師」，福建藝壇贊為「臺灣美術開山祖」，說有多威就有多

威。

當年國片《阿罩霧風雲》上映，還有學者投書到報紙抗議，說《阿罩霧風雲》居然沒有拍到謝琯樵這麼重要的人物，實在可惜呢。

話說，有一次友人又叫我去看一批字畫，這批字畫可說是臺灣書畫史的縮影，從清朝到日治的重點書畫家無一不缺；我們每展開一幅掛軸，都要目瞪口呆一陣子，就算不認識作者名字，立即上網查一下，查出來的結果也能讓我們驚嘆連連。接著，他又掛上新的一幅掛軸，一展開，是幅水墨畫，旁邊有題詩，謝琯樵落款。

我們倒吸了一口氣——這一張如果是真跡，大概十萬跑不掉。當年曾在某畫廊見過一組謝琯樵的扇面作品，開價就要六萬，那麼一張掛軸十萬還過分嗎？

我先長長吐出一口氣，說，這張送拍大概都沒問題了。所謂送拍，就是送去專業的古玩拍賣會，由行家或財主競標，通常比放到網路拍賣或自行找買家兜售利潤來得好，當然能送拍的東西也都是精品才行，拍賣行也會把關品質的。

友人「嗯」的答應一聲，但我轉頭過去看他，他的臉上浮現在金田一推理漫畫中，遇到兇手故布疑陣時才會出現的凝重表情。若是在漫畫裡，還要有旁白搭配這樣的表情：「這種不安的感覺到底是什麼呢？」

我朋友就這樣一下趨前一下往後的審視這幅畫，就只差沒有倒立過來看了，他才說這幅畫筆力有點弱，除非謝先生當天

感冒了，否則絕不能如此。

　　謝琯樵身為一代宗師，自然是不會感冒的，我想就算感冒也不會挑這時候畫畫吧；這方面我不甚了了，人家行家這樣說了，只能點頭稱是並陪著大聲嘆氣。

　　後來他又去找書畫界朋友仔細會診，又經過一番我看是謝琯樵我看像稿紙我看像綠豆糕的爭辯，結論是：字是謝琯樵的沒錯，但畫不是。

　　證據除了筆力問題，仔細看的話，發現作品上還有黏接痕跡，也就是說原主人是把一張畫和一張題字落款裱褙在一起，假裝是一幅作品。

　　但是這張畫的來源，照理說非常沒問題，這張畫的出處是從清代就赫赫有名，有名到戰後的世家流出來的，至於是哪個家族，世界上只有三個人知道：一個是我、一個友人、一個我不能講。所以說這個家族的收藏裡，居然有偽作，真的是很不可思議。

　　所以我推測這幅畫，不是謝琯樵送給該家族的，而是該家族族長很久以前買的。而當年該家族祖上收的時候，就已經買到偽作了。因為謝琯樵名聲之盛，不要說死後才有偽作，大清國時代他還活蹦亂跳時，市場上就有不少謝氏的偽作了。

　　諸君看過這幾張書畫偽作故事之後，可能會認為書畫真的不是吾等肉眼凡胎能碰的，還是玩舊書好了。偏偏玩舊書舊文獻，照樣有假貨。

贗品五：剪接清代書院試帖詩試卷

清代的教育機構有縣學、府學、書院和私塾等，這些學生為了有一朝能進京趕考，都要學寫考試規定的文體，就是八股文和試帖詩。

1895 年日軍來臺後，開始推行新式教育，當然就沒有什麼縣學、府學和科舉的東西了，所以這種考卷能留到今天，少說也超過 120 年，真是越陳越香，兼及可以欣賞其文采和書法。裱框一張掛在房裡，彷彿自己就是新科狀元郎，說不準晚上還會有女鬼狐仙來找自己一夜纏綿哩。

就有這麼一次，在網路拍賣買到一份清代的八股文試帖詩考卷。結果寄到家仔細一看，咦？怎麼有接黏起來的痕跡？

細讀前後文，也牛頭不對馬嘴，才知道這原本是兩份試卷，賣家把兩份殘卷剪接黏貼，拼成一份「看似完整」的試卷。在網路拍賣的相片看不真切，就這樣上當了。

這就是許多權威藏家不在網路拍賣買東西的緣故，有些東西，在網路上看，實在看不準。想不到自己會遇上這樣的事情啊！

贗品六：複印日治時代臺灣全島圖

若干年前，在一家還頗負盛名的舊書店看到一張臺灣老地圖，已經裱褙裝框，相當漂亮。詢問價錢並不很貴，又被我殺價殺了一點，遂歡欣抱回家掛著。一日，有位熟識的行家來訪，看見客廳牆上這幅地圖，欲言又止，問我哪裡買的，花多

少錢云云。我心中其實早有懷疑，見前輩刻意問起，便抓住機會詢問如何。最後他說這是「新做的」，這講法還挺唬人，乍聽之下還以為新做的比較新所以比較好呢；不過舊貨豈有「新做」之理，其實講白了就是「假的」，也就是老地圖的複製品。

其實我也懷疑這件作品許多年了，最關鍵的一件事情就是：我在那家舊書店買了地圖之後，過了大半年又去逛，竟然又看到裝裱完全一致的同一張地圖，而且連淡淡泛黃污漬處都一樣。今日聽行家這樣講，豁然開朗，反而有種解決了心頭疑惑的清明之感。

我知道這位行家在業界打滾許久，消息一定靈通，也問了這到底何時何人複製，據悉是二十幾年前某人所製，此人算來還是熟人的朋友。既知是複製品，走近仔細一看，不知是否心理作用，線條果然隱隱有「火氣」（不要問我「火氣」是什麼，這我也是從書畫界友人那裡聽來的，他說影印的東西有「火氣」，非常之玄）。也只能哈哈一笑，當作花錢買了一個故事。而諸君運氣不錯，不必花錢就聽了這故事。

講了這麼多贋品的故事，有些是交易後仔細觀察才知道是贋品，要不就是被強者我朋友法眼識破，難道我在這故事裡只能一直這樣魯蛇（loser）魯下去嗎？錯！在本系列的最終回，我終於大展雄威，成為鑑定專家了──

01 複印日治時代臺
灣詳密地圖

02 用心營造的泛黃
污漬

01

藏書之家

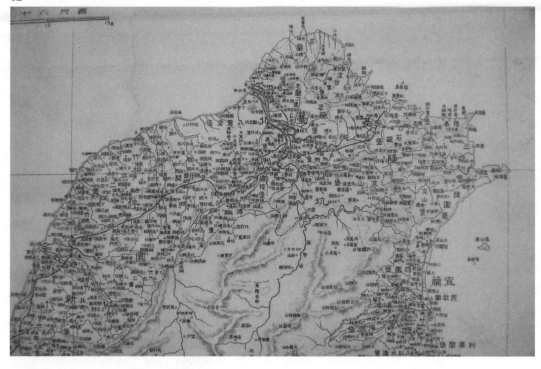

贗品七：一元起標黑心書

　　雖然說書籍比較少有造假，但那是相對於字畫來說的。這裡說的書籍造假，並非專指盜版，在本故事中，造假的定義是明明並非正品，後人卻仿造成正品的樣子。

　　其實造假的古書還是有的。先前網路拍賣常出現一大批古書，內容不一而足，有的是童蒙教材，有的可能是風水堪輿等等。奇特的是，這些書似乎永遠賣不完，永遠就是那些書掛著賣，更離奇的是它們的裝幀一模一樣，相同的開數大小，書頁

都是統一的咖啡色，書頁邊緣（專頁術語：「書口」，就是翻書時會捏住的那一邊）都呈黑色，封面有毛筆題署皇清光緒某年什麼的然後蓋個紅印。

這麼一大批不同的古書，裝幀紙質封面都一樣，這不科學啊！不，應該就是說太科學了，所以整批的品質一模一樣，顯然是工廠大規模生產。可能賣家自己覺得問心有愧，雖然打著古書名號，卻全部一元起標。這種書是業者印製的黑心古書，當然，黑心得很拙劣，破綻太多，光在網路拍賣上看相片和敘述，不必請柯南出來，我自己都看得出真相。

幾年後，我居然在臺北某舊書店看到本尊，紙雖然是咖啡色，紙質卻異常光滑柔韌，並非老紙泛黃，根本是新紙染色。更絕的是這書還模擬古書為了防蟲會在書口塗桐油的色澤，書口還染成黑色；問題是，塗了桐油的紙張放久了會變硬變脆，這種黑心古書沒有真的塗過桐油，所以紙質相當正常。

仔細看印刷，不是石印鉛印木刻的原刊本，全部都是現代印刷技術，連封面「皇清光緒某年……」之題署都是印的而非手寫，甚至連底下的紅印，都不是真印章印的，而是印刷

03

上去的，說有多假就有多假，翻到背面看到舊書店貼的標價，我不知道該做什麼表情：舊書店還把它定價三千當真品賣，就算它是真的也賣不到三千。

於是我就跟正妹店員搭訕一下，跟她講這種東西不能拿出來賣，就算要賣也不是這個價錢。我的指導她有沒有銘記在心我不知道，但我知道藏書界竹野內豐的瀟灑風采已經烙印在她心底了。

其實寫這個贗品系列還真要小心，主要是一個寫得太明，擋人財路或者揭人隱私，我天天出門都要戴著安全帽了。所以雖然其實還有很多可以寫，比如老鐵牌、手抄本的作偽，買到仿真盜版書的經驗……不過先到此打住吧，我要出國避避風頭先。（光速逃）

04

03.04 造假染色的
古書封面及內頁

愛書人
怎麼管理書？

問起「某本書放在哪裡？」
也只能指著某一堆書山說
「只在此山中，雲深不知處」了。

我有一本老筆記本，封面蓋著原主人的印章，翻開第一頁，第一行就開宗明義地說：「存書列表」。

這是一本幾十年前，某個愛書人的藏書書目。一本或一套書化為一行一行的鋼筆字，總共抄了 505 條書目。看著他端正的字跡，彷彿用心寫著一封情書，就可以讀出一個人對於書本的愛戀。

這份書目，只抄錄書名與作者，出版社及出版日期付之闕如。不過幸好今天我們有「全國圖書書目資訊網」可以查詢，此中大部分書目的出版資訊都能找到。依據這些書目的出版年代，可以估計原主人是在 1970 年代末，頂多 80 年代初所整理的。當時書籍是一定程度的奢侈品，為了買一套書而勒緊褲帶餓個幾餐是常有的事。所以從這份書目的質和量來看，使我有

幾分「好傢伙，這個人到底是誰」的好奇。

　　然而抄寫書目是一回事，找不找得到書，又是另一回事了。若家裡藏書不過兩三櫃，怎麼亂放也是那幾公尺內的事。若藏書多到書櫃放不下，須得隨地亂疊，如同臺北牯嶺街松林書局的裝置藝術，問起「某本書放在哪裡？」也只能指著某一堆書山說「只在此山中，雲深不知處」了。

　　據說有些藏書家利用空白卡片登記書目，一張卡片代表一本書，所以翻找卡片就能明白自己有哪些書——然而確定自己有哪些書，和自己找不找得到、拿不拿得出來，還是兩回事。

　　不可否認，能有一份書目，是比較易於掌握自己的藏書狀況（要不我家也就不會重複的書一大堆了），還有方便與人交流的功能。

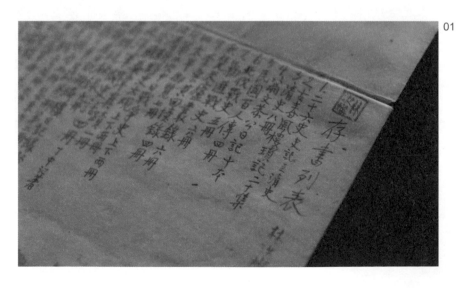

01

01「存書列表」
筆記本

臺北牯嶺街上有一家小舊書店，老闆有書目一本，記載珍本若干；這些珍本平時不放店裡，有客人特別指明要找才拿到店。我曾按書目向老闆訂了幾本，後來經過幾次，老闆都沒有拿到店，我也不甚在意；直至有一次老闆看我又晃到店裡，忍不住問：「小老弟，我看你來了好幾次，什麼都不買，你到底要找什麼？」我實在啼笑皆非，真想學他的外省腔回說：「我在等您把書目上那幾本書從府上拿過來唄您哪？」

　　網路書櫃也是建立書目的一個好方法。只要把書上的ISBN（國際標準書號）號碼輸入，網站就會自動把書名、作者、出版社、出版日期、甚至封面等資訊找到。然而其最大的缺點是，對我來說，收藏的書幾乎都是早期沒有ISBN的，甚至整個網路書櫃上也沒人擁有和我相同的書，所以我的網路書櫃也只是掛著，多少認識些書友，聊備一格。

　　所以列書目對我而言，我要說：找書、買書、修整書、讀書、整理書都嫌沒時間了，怎麼會想去列書目呢？

　　書目是沒時間整理了，但書也總不能毫無秩序地亂放吧。雖有「書似青山常亂疊」之古意，但總有「書到用時方恨『找』」之長恨。於是書架越買越大，分門別類排好，最後，終於建立了一個書庫。

　　從我小時候開始，家中就滿室皆書，甚至有路人從門口張望以為是租書店而誤入家門之事；及長我負笈外地，不住家裡，空出一間房，家人買起書來更是肆無忌憚；書架是早已壓垮的了，書架裝不了的，開始睡在紅眠床上；紅眠床上睡不

下的，開始堆疊在地上，疊到最後，書山比人還高，要取書找書，幾如愚公移山。

近年終於準備一筆錢，將祖厝的老房子改建為書庫。此舉一石二鳥：這間老房子在十數年前早已因為颱風而傾倒半邊，今番修葺完成，祖厝的護龍又恢復原形，而不至於缺一角；而這老房子完成重建，則作為書庫，也一舉解決家中藏書過多的問題。

除了把原本被夷為平地的地方搭建鐵皮屋之外，原本留存的老厝也修補牆面，重新刷上防水漆，讓這間已經站在此地兩百年的老建築繼續屹立。

但家裡的夾板書櫃都因為過度「塞書」而彎曲，無一是方方正正昂然挺立的；所以書庫的書架是由父親畫設計圖，請木工師傅挑選原木料釘製，一個書櫃是兩列七層而分十四格，每格深度又足以放內外兩排書，一排書粗估可以放四十本。這樣的書架總共做了十六個，注意！考題來了！全部放滿的話大約可以放多少書？

40（本）×2（排）×14（格）×16（個）=17,920 本

書庫存書的數字，只會比這數字多，因為家裡有大部分是早期的書，早期書籍厚度大多不如現代裝幀的厚，所以一格之內可以容納更多本。

書庫完工，書架釘成，接下來是無法假手他人的大工程：

搬書。先把床上、地上、櫃上要搬至書庫的書籍縛綁成綑，這個工程就足足做了一個星期。然後選定一個晴朗的下午，請了五個年輕力壯的小伙子，把書全部裝上卡車，剛好全部裝滿。把書載至書庫，用當兵的「搬彈接力法」把一綑綑的書卸下，先置於地上。接著，按內容分類，照開本上架，俟全數分類上架完成，已經是一個月後的事了。

最後，買三罐水煙式殺蟲劑薰蟲、放驅蟲片、已遭蟲蛀的書放鐵製餅乾盒中隔離，至此，家中書庫整頓大功告成。然而這也是暫時性的——歲月一晃過了七年，這些書架早已填滿，地上又長出根根「書柱」，於是又增添了十三尊書架，再將滿地舊書上架，才知道原來地板長這樣。日後書物繼續繁殖怎麼辦？不願多想。

理想的方法有二：不再買書，或者開始賣書。不再買書自然是不可能的，比政客不買票還不可能。至於賣書，既可以清出空間來，又能增加購書資金，按理說是一舉兩得的方法。不過這提議被家母否決了：「你老爸是何許人也，出來賣書豈不有失藏書家身分？」這話說得好聽，把我爸捧成四百年來第一藏書宗師，不過我懷疑她只是不想替我爸處理網路拍賣雜務罷了。所以書庫的書持續繁殖中怎麼辦？懸而未決。

書並不是買回來，塞進架上，就四時安和、五行無阻（誰知道那是什麼意思）了。接下來，還得防治不速之客拜訪。

某年返鄉，整理家藏的尺牘和雜字等老書，赫然發現內有蛀蟲條條，白嫩蠕弱，其細其短一如棉線線頭，翻書時雪落無

02 父親設計訂製
的書櫃

聲，行動極緩；嗜食軟紙，手抄雜字的紙質是牠們的最愛。花了一兩天把蟲挑完，老爸將情況較嚴重者拿去影印備份，此後我便留意於各種防蟲蛀書之法。

有一說是從玩園藝和養獨角仙者傳來的，後來漢章叔也提過：枯木買來怕有蟲卵，可放至冷凍庫冰幾天，再拿出解凍，縱有蟲卵，也凍斃了。書也可以用塑膠袋緊緊包住，放進冷凍庫幾天。然而一來怕書受潮，二則冰箱容量有限而書卻無限，三者此法至少須花費幾天功夫，甚為耗時，是以並沒有嘗試。

一說以微波爐微波，蟲與卵俱熟，此方我躍躍欲試，但論者警告微波不慎，紙質恐怕碳化，因此卻步。

最後，只好買幾包夾鍊密封袋，將書放入夾鍊袋中，再放幾顆坊間所賣驅蟲丸。幾月後驅蟲丸在袋中消失不見，夾鍊袋中則增加少許氣體，我名之「毒氣法」。

然而驅蟲丸有效成分是萘，據說會致癌，且萘可能與紙料布料產生化學反應，這條路畢竟不是長久之計。

於是腦筋動到自製殺蟲棉紙，古書裝幀有在扉頁放「萬年紅」紙者，以紅丹毒殺蛀蟲也。我不知此味「四氧化三鉛」何處可購得，於是腦筋一動，以硼酸常用來自製蟑螂藥之理，盤算把棉紙泡在濃硼酸液中，再取出平鋪陰乾，製成硼酸紙，或許亦有毒蟲效果。然而一來未有硼酸對紙質影響之研究文獻，不敢貿然行動；再則數百張棉紙泡硼酸水再陰乾工程亦過於浩大，計畫只得先放著。

日前在網路查到古人曰書香滿室，並非書本身有香味，而

是書頁挾著芸香葉驅蟲之故。芸香味濃，可驅蟲，我上網路拍賣搜尋「芸香」，賣的都是園藝用芸香種子，沒有乾燥芸香葉。也曾想過不然就買芸香種子回來種，等採收後再放書櫃，可惜這方法又太過耗時耗工。

日本老香行如鳩居堂、奇品堂有售「防虫香」，為字畫收藏者所愛用，臺北蕙風堂麗水店有賣。但十包一千元實在太貴，日本原價大約只有一半價錢，後來我都在赴日旅行時購買，或者託人代購，一次買多一點，用不完亦可送給收藏字畫之友人，皆大歡喜。

最近在大賣場看到一款衣櫥書櫃專用驅蟲包，有效成分不是萘，而是除蟲菊，據說效用甚至可毒殺蟲卵。包裝寫明可放於書櫃中，想來對紙質不會有問題。唯一缺點是其添加柑橘香料──善本古書竟有撲面柑橘味，讓我想起古龍有美

03

03 防虫香

女手若有牛肉湯味大煞風景之喻。

　　後來，將家裡堆積在角落的書山移至書庫，開架管理，定時丟威滅防蟲片，半年就來個水煙殺蟲劑，書庫未再發現有書遭殃。

　　某日，老爸突然想起：家裡還有一套 1918 年上海文明書局印的《隨園全集》，放了非·常·多·年，從·沒·動·過，還有一疊《古今圖書集成》博物彙編藝術典，也沒拿到書庫，要我去看看它們今可安在哉。

　　嗚呼，愛書人都知道：「非·常·多·年，從·沒·動·過」乃是蠹魚極樂、藏家大恨。

　　老爸說曾經到某藏家書窩參觀，整個家裡堆滿書，已經到了「要什麼沒什麼」的最高境界──你要什麼書，他知道家裡有，但硬是找不出來也──此藏家領老爸挖出一個紙箱，大談這箱書何等珍貴云云，隨著他得意的手勢開箱，箱中豈有珍本，早就被書蟲蝕得變一堆齏粉而已。當堂屋內秋風瑟瑟、群鴉亂飛，眾人悶不堪言。

　　聽了這個足以讓愛書人連做三年惡夢的恐怖故事，我用顫抖的手將架上的《隨園全集》取下，隨著掀開函套傳來的撕裂感，我就知道大事不妙。果不其然，白嫩書蟲窩在小天地裡細細咀嚼，不知大禍將至。

　　全部細翻過一次，四函只有函套損蝕較嚴重，以及函套中最頂及最底一本較常被蟲蛀，其他還算普普通通過得去──如果這套書已經放十年沒動過，才蛀成這樣，算很客氣了。

01

05

04.05 被蛀蟲咀嚼
後的書頁

趁著陽光，把桌椅搬到戶外，將書蟲一一挑出，螞蟻馬上來抱走。熟讀唐詩三百首，不會作詩也會吟，這些螞蟻吃了飽讀袁大才子詩書的小蟲，恐怕腹有詩蟲也要氣自華了，等哪天我上京趕考，寫字漏了一撇，識字的小螞蟻可要幫我排出來。

正挑書蟲時，恰好翻到一頁，瞥見：

〈消夏八景・曝書〉
問富數書對，收藏卻最難。
趁茲三伏好，分作幾回攤。
線脫忙教換，雲遮怕未乾。
蠹魚應一笑，未必子孫看。

曝書時見曝書詩，豈非天意？袁枚此詩，句句說我。罷了罷了，我口所欲言，已言古人口；我手所欲書，已書古人手。但結句說得好，「蠹魚應一笑，未必子孫看。」

有時候去看國立臺灣圖書館古籍維護的資料，會嚇得所有藏書家都自責是文化殺手，什麼白膠和市售漿糊都不能用，要自己拿澄粉煮漿糊，補書得用無酸紙、鳳梨宣，還要找楮皮紙（為此我問過好幾家筆墨莊了，沒賣），還要學怎麼除酸、除濕、去霉、防蟲。不照規矩做，彷彿明天珍本就會化為齏粉。

然而人生苦短，買書的速度永遠比修整、閱讀書籍還快，

無法把時間全耗在維護上。只好看開一點，這一世人還能把書留住，已然算不愧先賢了，焉能求書留得千秋萬世？

06 較珍貴的藏書，以桐木書盒妥善保存

夢裡尋它千百遍——
最想找的絕版書

 如果世界上真有時光機，
我會選擇在當時重回百城堂。

　　收藏這回事，原是個人的特殊癖好，不足為外人道。然而
三五好友，興趣相投，彼此分享經驗，雖然對社會家國之福祉
並無太大裨益，卻可供為平日閒嗑牙的題材，不啻趣事一樁。
近日得臺北舊香居舊書店邀文，要寫一篇〈夢裡尋它千百遍
——最想找的絕版書〉的文章，我就來談談我追逐絕版書的故
事。

　　現在冒出一個名詞叫做「富二代」，其實也就是「小開」、
「公子哥」；但這構詞很有意思，把「富」的狀態與其延續的
時間「二代」結合，讓人望之更能深刻感受到其人富裕的出
身。如果照這個名詞的思維來講，那我就是「藏二代」了：藏
書的行為，在我家已經傳到第二代。父親從高中時代就開始買
書，到三十多歲便因藏書登上報章雜誌，然而他刻意更早開發

我——我國中時與父親到光華商場，他就掏出一千元，交代我到地下街逛一圈，只准買書，有本事就把錢花光。回想起來，這豈非像雄獅把幼獅趕入荒原中讓牠獨自狩獵，以磨練幼獅敏銳的感官與判斷力？雖然我能不辱使命地把錢恰好花完（這需要數理資優的精密計算），但兩手提回的塑膠袋裡大多是加菲貓漫畫（實則我在徐若瑄的《天使心》面前站了好久，還是不敢買），沒有任何一本書與「珍本」能沾上邊。

　　直到我讀高中的時候，因為大量閱讀武俠評論，得知舊版武俠小說的價值，某日又正好在嘉義的「一二三舊書店」角落發現一套初版《絕代雙驕》，於是趁著畢業時父親至市區幫我清理宿舍，順便請父親繞到那家舊書店帶走那套《絕代雙驕》。雖然付錢的是老爸，但這套《絕代雙驕》廣義上來講也算是我（授意）買的書，當然也可以說是我（授意）買的第一部絕版書。

　　到了大學時代，終於正式展開漫長的尋書之旅。當時與女友

01《貓蚤札》
———————
陳斐雯，1988 年，
自立晚報

01

至東海大學附近的「東海書苑」，在書架上看到陳斐雯的《貓蚤札》，本來想買，但一翻錢包，剩不到幾百塊，只好作罷。（約會帶這麼一點錢可以嗎？）想不到這一暌違，就是十年。

　　另一方面，我也開始大量購買溫瑞安的武俠小說，在臺中的「漫部屋」（一家供應租書店漫畫小說的中盤商）以一本三十五十的價錢買入，偶爾也會收到溫瑞安非武俠小說的作品，讓我開始對這個人產生興趣。收齊了他的武俠小說之後，便開始蒐集他的「周邊產品」，最後幾年則專攻神州詩社時代的出版品，這也是我在藏書界成名的第一仗，此後大家都知道有這麼一個「神州客」、「砸錢專買溫瑞安的瘋子」。回想起來，買神州詩社文獻的過程真像打電玩，最難打的魔王壓軸出場，最後我在臺北的布拉格書店購得《天狼星詩刊》五期，在舊香居買到《將軍令》（作者溫瑞安題簽詩人施善繼），前後一共密集搜索了八年，總共花了多少銀彈就不提了，這趟溫瑞安暨神州詩社出版品的征途，才宣告破關。

　　而我在藏書界成名的第二仗，緊接著又來：雖然我長得像拖拉庫司機，但我一直有股文青魂在胸膛裡騷動著，巴望著要一本夏宇的《備忘錄》，卻永遠狠不下心來買。眼看著網路拍賣一本又一本《備忘錄》被別人得標，有一天我突然悟出一個道理：如果它就像房價一樣只升不跌，那麼無論眼前的價格多麼荒唐，都得在它又漲價之前入手，於是我全梭哈了，舊書界又一次聽說這個狂人，有人私下是這麼介紹我的：「他是個藏書家，聽說《備忘錄》最高成交價就是他締造的。」這個最貴

02 《天狼星詩刊》

下排左起為創刊號到第三期，上排左起為第四期、第五期，第五期改刊名為「神州」

03 《將軍令》

溫瑞安，1975 年，天狼星出版社

紀錄保持了三年才被人打破。

　　對了，講到現代詩集，剛剛提的《貓蚤札》呢？這十年間，我遊走實體、網路書店更勤，《貓蚤札》也沒見過幾次，縱然遇上，不是店長自藏不賣，就是價格不菲。最後終於以原價四倍強標得，品相如新，翻到封底，赫然浮貼「東海書苑」的紀錄單，我願想像這就是十年前我摩挲過的那一本，緣分不滅，繞了一圈，又回到我手上。喔，十年前那個和《貓蚤札》一起被我摩挲過的女友呢？同樣緣分不滅，不用繞一圈，直接成為我太太了。

　　初版《絕代雙驕》、《貓蚤札》、《天狼星詩刊》、《將軍令》、《備忘錄》……這些都曾經是我最想找的絕版書，但這些書都有嚴重的美中不足之處：它們都已經在我書架上了。

　　真正能在夢裡尋它千百遍的絕版書，永遠是曾經看過但不在自家書架上的那一本。

　　我有沒有這樣的書呢？有的。我來講兩本書的故事。

　　幾年前，我到有世交之誼的臺北「百城堂」舊書店，瞥見老闆書桌旁有幾本精裝書，翻開一看，赫然是臺灣第一份政論雜誌《臺灣青年》，再看扉頁，居然蓋著蔡培火、林呈祿、杜聰明的印章。一問來歷，原來蔡培火的遺物當時流到回收場，被書販分成幾批四散，一部分被百城堂收入，那三本《臺灣青年》自創刊號起的合訂本，乃是主編蔡培火自藏書。由於這份文獻曾經受潮而黏成書磚，無法翻閱，當時並未購買，兩三天後就被高手買走了。這件事情我曾多次提起，至今仍後悔不

已：無法閱讀又如何？我本來就不懂日文。若真要閱讀，現代也有復刻版。這套蔡培火編輯、自藏的《臺灣青年》，本來就是象徵意義比實用意義大得多的文獻。如果世界上真有時光機，我會選擇在當時重回百城堂。

而另一本書呢，是在某處書店偶遇，也是有故事的逸品珍本，其印行數量極少，書店開出了挺高的價錢。這價錢憑良心講，或許還行，但由於這本書的流通量太少，竟沒有交易前例可參考，我決定先觀望一下再說，說不定書放久了沒人買還能自動降價。孰知不久後，老闆大概是為了反映油電雙漲，此書居然還提高了價錢，這下更買不下手了。

真的是因為買不下手，所以買不下手嗎？我甚至懷疑，該

04

04 流轉了十年最後仍回到我手上的《貓蚤札》

不會是我刻意買不下手，讓這本書可以永遠作為繼續激勵我尋
書的照明彈吧？

輯二

我家的書櫃，就是半個江湖

我的武俠小夢

「糟了糟了，你這下可糟了。」曹七道。
這句話問得很滑稽，
但是白馬嘯已經笑不出來了。

　　書庫的「武俠櫃」裡，有一兩格放的不是武俠小說，而是
如陳平原《千古文人俠客夢》、曹正文《俠文化》、《古龍小
說藝術談》、葉洪生與林保淳合著的《臺灣武俠小說發展史》
等等武俠總論、作家風格賞析的作品。另外還有古代庶民生活
史、武術源流、姓名學、姓氏源流等書籍，這些書，我稱之為
「寫作資料」。

　　是的，我寫武俠小說的參考資料。

　　第一次接觸武俠小說是國二暑假，當時從家裡翻出金庸全
集，先從改編成電影、名氣最大的《笑傲江湖》看起，這一看
可停不了，整個暑假都泡在金庸小說中。當時家裡的武俠小說
不多，除了金庸之外，只有一套倪匡在遠景出版的短篇武俠，
以及古龍的《楚留香傳奇》桂冠版、《楚留香傳奇續集》漢麟

版。數量雖然不多，但足以激起令人想動筆寫武俠故事的衝動了。

初動筆寫武俠小說，我便將同學的外號與形象帶入小說中，後來才知道溫瑞安初期的小說也有這樣的經驗。有同學外號「烏雞」者，便成為我第一部小說主角的原型──一隻烏雞成精化人，而他的宿敵則是白雞精，全名「白蘭氏雞精」。我動筆寫在廢紙背面，以國中生愛用的怪異顏色中性筆，彷彿預言了我的武俠作品走的便是惡搞路線。這部作品稱為〈再世血債〉，寫兩隻妖精火拚同歸於盡後，投胎成人延續未了的愛恨情仇。當時課業壓力甚重，以班導的立場而言，自然不希望我把時間放在創作上；父母發現了這些稿子，主動提起自印出版，成《武林怪胎錄》一小冊，但也要求我出書之後，便不要再寫小說。

大人的期望是一回事，小孩子聽不聽自然又是一回事。我和班上一個姓呂的同學，依然熱衷於寫武俠小說。呂某皮膚黝黑，外號「烏人」，他不像我只是把家裡僅有的武俠小說一讀再讀，而是跑到鄉立圖書館大量閱讀各家武俠小說，據他說法，圖書館的武俠小說已被他讀完云云，雖然我不盡相信。當時圖書館裡的武俠小說多是 1980 年代大量出版，現在稱為「老武俠」的 25 開本，除了金庸之外，還有許多其他作家，如諸葛青雲、武林樵子、柳殘陽、獨孤紅、東方玉、蕭逸等作品。這些老武俠從裝幀上看，質感就不如遠景版的金庸，也遜於有龍思良加持的古龍作品，曾經滄海難為水，我實在不想捧

在手中;偶爾挑一本名氣也不小的武俠作品看看,總覺得不合胃口,讀了幾頁便放棄。於是我就省下跑圖書館的工夫,只是待在家裡翻來覆去,把金庸、倪匡和楚留香看得爛熟。

這時候武俠的創作自然沒有停歇,從〈再世血債〉的故事延伸出去,其他配角的前傳與後續不斷創作出來,如少年獨孤劍參與圍剿范保山,老黃純登上武林盟主等故事,都寫在筆記本裡,也開始累積了固定的同學讀者。後來這些稿子自然藏不住,又被父母發現,幸虧當時高中聯考已經結束,考上第一志願,偷寫小說的事情不致被罵,父親還鼓勵我找出版社投稿看看。於是我找上書後扉頁常有徵稿啟事的大梁出版社,寄了百頁稿紙的故事過去,沒提到這是國中生作品;後來回信到家,還好沒說筆法幼稚,只提可惜字數太少,無法成書,詢問還有沒有其他稿件等。

上了高中之後,武俠小說的眼界大開,午休時間泡在圖書館裡讀古龍,放學到租書店租古龍及溫瑞安。當時萬盛正重新出版古龍作品,不久後,風雲時代也開始推出古龍全集,我便常跑書店,將新出版的古龍小說買回家,成為我蒐集武俠小說的開端。

高中時課業更重,閒散的個性終於無法撐起成績,名次一落千丈,上課時橫豎是聽不懂,乾脆拿出筆記本寫小說吧,故作抄筆記貌以慰老師之辛勞。這時候的故事又是另一個世界——在這之前的故事,角色大多有所牽連:〈猛虎行〉的故事主角是〈再世血債〉主角的來生;〈猛虎行〉配角獨孤劍,則

01 書庫中的武俠櫃

出現在圍剿「逆天神功」范保山的故事裡；另一個故事說少年逆練范保山的「逆天神功」練成，則是「順天神功」……這些不同的故事，事實上人物都有所牽連，以現在流行美國超人漫畫的概念來講，就是同一個「宇宙」、「世界觀」。而高中寫在筆記本的新故事，不再與國中時代創作的故事有所關聯——至少關聯極小，幾乎是另一個世界觀的故事。

當時在寫滿數學算式的筆記本上，我在小說前寫下大大的題目《你可糟了》，認真講，我也不知道為何武俠小說的名字要這樣叫，很多溫瑞安的小說回目也是這樣只取該回一句話為名。這部小說沒有人知道接下來的發展會如何，包括作者本身。故事一開場就先給了「一天二地三人皇，四門五老七殺手」的武林門派架構，人物行事經常前後相反，但是馬上又得給人物一個行事前後相反的理由。就連行文的風格也詭異非常，小說開頭前幾句話是：

「糟了糟了，你這下可糟了。」曹七道。

這句話問得很滑稽，但是白馬嘯已經笑不出來了。

那個「糟了糟了」是高中時一位國文老師的口頭禪，寫小說時不思索便讓它成為開頭。整個武林架構，說起來受到當時追的港漫《霸刀》影響頗深。例如《霸刀》有個「青樓」，我小說就有「紅樓」；《霸刀》有個「老不死」，小說就有個「不死幫」。寫作過程中讀到哪本武俠小說，便把該小說的風格嘗

試融入寫作的故事裡；當時讀到評論曰還珠樓主《蜀山劍俠傳》內容龐雜、枝節過多，也決心寫一個枝節比主線還多的故事。於是造成這個故事敘述跳序、人物複雜、幫派眾多，到高中畢業時已經寫滿了四本筆記本，故事主線才過了一夜工夫。然而這故事讓我「玩」得很開心，當時在班上也累積了四、五名固定讀者，每節下課向我借筆記看小說。甚至有同學感謝我，說讀了我的小說後，模擬考時模仿我的文字，作文分數竟然因此提高。

後來偶然在救國團的刊物看見有人投稿武俠小說，心想這也是不錯的選擇，既可以創作，又可以賺稿費，便在《你可糟了》之外，用稿紙好好寫下另外三個故事〈神兵一斬紅天下〉、〈王者天威〉，但第三部小說的題名我卻忘記了，因為最後第三個故事並未刊出，我自己也沒有留底稿，只記得寫的是一把名為「飲血刃」的武器，印象中篇名應該就是〈妖刀飲血〉；這件事不無遺憾，因為我個人最喜歡沒刊出的這篇。這三部小說分別引出「一斬紅」、「霸王刀」、「飲血刃」三種武器，事實上是受到古龍《七種武器》的影響。後來也嘗試著在筆記本上寫這三種武器後來相遇交鋒的故事，最後因為《你可糟了》佔了太多心思，便暫且擱筆。

高中畢業時，救國團刊物主編林老師主動邀稿，我又寫了〈虛空的淚〉、〈南瀛祕寶錄〉、〈武者止戈〉三個故事，每則故事都在萬字左右，印象中每次到郵局領稿費都能拿到數千元，酬勞優渥。這五篇武俠小說持續在刊物上連載了兩年，全

縣市的國、高中生人人一本，影響不可謂不大，我也因此經常收到讀者留言或來信，甚至到了好幾年後，還有小了我很多屆的同鄉學子記得當年連載的武俠小說。

人們不是說麼，「由你玩四年」，本以為上大學後有更多空閒寫小說，想不到只寫了第一個星期就輟筆了。大學生活如此精彩，怎能成天待在桌前！遊玩、交友、約會、聊天、活動，那《你可糟了》的小說進展也糟了。

當兵時終於又把筆記本拿出來，繼續將《你可糟了》的故事續上，只可惜當兵的自由時間不多，縱有時間，也大多零碎，或在野地裡，沒有書桌可以舒適地創作，因此雖然有點進度，但寫得並不多。是以在這段期間，我轉而進行故事設定的創作。《你可糟了》的時代、地理區域劃分、門派、人物、武器、武功，力求各有特色。這些設定，推敲的時間遠比書寫多，倒很適合站哨時進行。在當兵期間，我做了一些重大的設定：其一是決定把《你可糟了》裡「宇宙十大高手」的原始設定去除，「宇宙十大高手」是國中時和烏人共同創作出來的人物群，包括萬年烏雞精和白蘭氏雞精、澹台鏡、小狗、呂尚等，在設定中他們每個人動一根小指都能粉碎一顆星球，當時如此設定，純粹是比賽誰的角色力量強的遊戲，本來在《你可糟了》也延續了「宇宙十大高手」這些人物存在的設定，然而在當兵期間，為求小說角色力量的平衡，開始考慮除去「宇宙十大高手」的世界觀。其二是決定了故事所處的時空，雖然故事角色生活方式是古典的，然而我決定設定他們其實是未來的

人類；地球毀滅了，殘存者在蠻荒中開拓新天地，偶然挖到了一大套深藏地下的時空膠囊《古典中國大百科》，成為原始文明的基石，因此雖然故事是在寫未來，但是角色的風格仍是古典的。其三，題名更為《未來最舊》；其四決定了故事最後的走向，就是群雄聯合對抗外星人。

退伍之後，自己一人租了個小套房住，開始將高中時累積的這些小說──名符其實的「筆記小說」──鍵入電腦裡。邊寫邊改，將原來有「宇宙十大高手」影子的部分去除，多著墨了小說的世界觀。當時下班後的生活很武俠：先租《神兵玄奇》等武俠港漫配晚餐，再讀至少十頁《古文觀止》沾染古人語言和思想，接下來再播放各種武俠片的主題曲，開始在古典風的氣氛下寫作。寫了個把月，又因雜務纏身而中斷。

某日搬家時，翻出國中、高中、大學、當兵各時期寫的武俠小說，有些是設定資料，有些是前作之延續，有些是獨立短篇，有些僅得一兩段只是表達一個氛圍；這些零散的筆記，都是我一生不知能否實現的武俠夢。

舊版武俠的價值

若真要說值得收藏的舊版武俠，
自然就是「品質好，又沒有再版過」的。

　　武俠小說在舊書店的價格，一向不算太貴，通常是比原定價便宜。然而有一類武俠小說，身價卻遠高於其他武俠小說，就是 1950、1960 年代的小本舊版武俠。

　　武俠小說開數曾經歷多次變化，1950、1960 年流行的是 32 開的小本，大約四、五回就釘成一本，所以一部武俠小說經常分成 3、40 冊，通常稱為「舊版武俠」。1970 年代後，尤其是接近 1980 年時，25 開的版本開始流行，嶄露頭角的溫瑞安，以及 1980 年之後出現的奇儒、金庸作品，都是用這種開數，並且將頁數增多，閱讀與收藏都更為方便，此時改版為 25 開的武俠作品今天通常稱為「老武俠」。

　　既然舊版武俠不易閱讀又不易收藏，何以在武俠小說中價格稱霸？若以我先前整理的舊書「稀、奇、古、怪」分類法來

打分數，自然是在「稀」與「古」加了分。然而，舊版武俠是否真值那麼高的價格，還是爭議很大的問題。

幾年前在「遠流博識網」的交流區，有兩網友爭論舊版武俠到底值不值得收藏的問題，一人說舊版武俠小說成交的合理價格應是一本三元；此言一出，另一人便回應「三元你賣我，我全收」；前者便回應他可以提供兩萬本老武俠，看對方需要幾本，對方卻不回應了。確實，舊版武俠雖然少有，然而真正好的作品，一定有近代的大本再版可買；反過來講，沒有再版過的舊版武俠，內容也大約爛到看不下去。

簡單一句話：舊版武俠大多再版過，所以內容不具稀有性。

是以，除了當作個人懷舊或文獻研究而買之外，若真要說值得收藏的舊版武俠，自然就是「品質好，又沒有再版過」的。這樣說來，數來數去，幾乎只有金庸的舊版武俠了。

在 1960、1970 年代，金庸小說尚未在臺灣解禁，然而臺灣書商偷天換日，更改書名和作者，照樣在臺灣出版，於是這些盜版的金庸小說，意外留下金庸「一次改版」前的面貌。直到 1980 年代初金庸小說解禁，在遠景出版社發行登臺之後，這批「一次改版」後的小說便迅速轟動華人圈，以致改版前的小說漸漸被時間淘汰掉，現在要看也無處可看了。

是以，舊版金庸小說至少有「稀、奇、古」三樣特性，因此珍貴。

說起我讀金庸的開端，是升國二那年暑假。當時家裡的武

01

02

01 《飛狐外傳》

金庸，吉明書局。此為 32 開本的「舊版武俠」

02 《小白龍》

司馬翎，南琪出版。此為 25 開本的「老武俠」

俠小說不多，大部分是金庸，主要以遠景版為主，也就是《射雕英雄傳》仍叫《大漠英雄傳》、《書劍恩仇錄》仍叫《書劍江山》的早期版本。但在「飛雪連天射白鹿，笑書神俠倚碧鴛」當中，家裡獨缺《飛狐外傳》，可能是爸媽借人之後討不回來，這部是後來我才補買的。此外，這套遠景版也沒有《倚天屠龍記》和《天龍八部》；家裡存的這兩部是吉明書局版本，父親年輕時就買的。

後來讀倪匡的「我讀金庸小說」系列評論，才知道原來我讀的《天劍龍刀》，裡頭張無忌在冰火島上還有一隻玉面火猴為玩伴；我讀的《天龍八部》，段譽所癡迷的女性叫王玉燕——這些事情，當時泰半的金庸讀者都不知道。

有一次，家裡大掃除，大約是嫌印刷太差，不如日後補購新版，便將這兩套拋棄。我從外頭遊玩回家，看到這兩套舊版竟然被清到垃圾堆旁，大驚失色，連忙再度抱回家門，從此這兩套的主權移交到我手中。

後來在機緣之下（這句話是武俠小說非常愛用也非常不負責任的交代），又買入舊版《神鵰俠侶》與殘缺的《射鵰英雄傳》。《神鵰俠侶》仍是吉明版，不過《神鵰俠侶》新舊版的變動似乎較小。而舊版的《射鵰英雄傳》改名《神龍擺尾》，頗多未明之處，值得一記。

首先是這個版本的出處，查過網路幾個較詳細的舊版金庸相關網站，如「金庸圖書館」的〈金庸小說版本考〉、「金庸版本的奇妙世界」部落格等，都未曾提及有一種版本是改名做

《神龍擺尾》的。而這套書從頭到尾未曾註明作者、出版社、出版日期，只有幾本的封面裡印著「反共必勝，抗俄必成」、「港幣七角，臺幣四圓」的字樣。說難聽就是沒頭沒腦、藏頭藏尾，說好聽的就是海內孤本、出處神祕。

而且這套書的第一集，一翻開的頁數赫然已是 1317 頁，回目是「密室七日」，內容敘述的是黃蓉、郭靖在密室養傷，陸冠英與程瑤迦成婚一段。在整部《射鵰英雄傳》中，至此情節已過了一半，那麼這套書第一集之前的部分哪裡去了？

雖然這套不全的《神龍擺尾》來歷不明、無頭無尾，但還好它還趕得上把金庸改版時修改最大的「秦南琴」一段保存住。話說郭靖告別黃蓉要去找一代美男子洪七，遇上一對祖孫，這孫女便是秦南琴了，而郭靖遇到秦南琴一段，牽扯出收服血鳥、蛙蛤大戰等插曲，最後秦南琴還被楊康玷污，產下神鵰大俠楊過。後來金庸大刀一揮，把秦南琴出現一段與血鳥相關之事全部刪掉，楊過之母也改成穆念慈，算來一口氣刪改了數萬字，據說是金庸改版工程中最大之處。

最後，附錄黃蓉爆乳圖以饗讀者，新版的小說似乎沒有這張圖了。

回到剛剛提的舊版金庸小說為何珍貴。為什麼是金庸而非他人？第一、因為金庸是武俠名家；第二、曾經改版，而且改版前後變動不小。要說符合這兩項原則的，恐怕還要一提古龍的《絕代雙驕》。

古龍自然也是武俠名家，在許多人心目中其地位不下金

03 出版來歷不明《神龍擺尾》

04 《神龍擺尾》第一集第一頁
就是 1317 頁、第 25 回

05 《神龍擺尾》獨家收錄的
「黃蓉爆乳圖」

庸。他為名利所驅，小說寫過就算，甚至還有寫了開頭沒有結尾的惡習，這是大家都知道的。然而他也曾經為自己的部分作品進行修訂，其中最有名的，非《絕代雙驕》莫屬。當時在刊物連載《絕代雙驕》時，古龍曾經因故暫停，商請好友倪匡代寫，後來《絕代雙驕》結集成書時，古龍曾經做過修訂。我在高中時曾在舊書店二樓看過 1966 年至 1969 年春秋出版社的初版《絕代雙驕》，一大套排齊了幾與我的手臂等長。當時我已經知道舊版金庸價值非凡，看到舊版《絕代雙驕》甚至連問價都不敢，忍到高中畢業，準備離開該地時，攜帶老爸同行壯膽至該店一問，以意外低的五百元把它搬回家。然而我取出舊版的《絕代雙驕》對照後發現，雖然與現今風雲時代版稍有差異，但粗略看過去，出入不大。

　　提到古龍的舊版武俠，最傳奇性的莫過《神君別傳》。古龍曾在〈轉變與成形〉一文中，曾細數他寫武俠小說以來的各個作品：

　　　　那時候我寫的武俠小說，從《蒼穹神劍》開始，接著的是：《劍毒梅香》、《殘金缺玉》、《遊俠錄》、《失魂引》、《劍客行》、《孤星傳》、《湘妃劍》。這些大多數是破書，拾人牙慧，幾乎完全沒有自己的思想和風格。然後是：《飄香劍雨》、《神君別傳》、《情人箭》、《浣花洗劍錄》、《大旗英雄傳》、《武林外史》。一直到《武林外史》，我的寫作方式才漸漸有了

些轉變……

　　所有古龍迷的問題來了！《神君別傳》是啥？古龍作品列表沒有這一部啊！偽作耶？但是龍哥親筆寫的文章，他怎會把偽作算在自己頭上？

　　在「遠流博識網」討論區，曾有網友長年重金徵求這套《神君別傳》，據稱最後以百餘元偶然買到，但所謂沒圖沒真相，他不放張書影來瞧瞧，還要網友寫信索取，他才肯寄一個章回的摘錄，根本是吊人腹中書蟲。

　　回到是不是偽作的問題。若說龍哥不會把偽作算在自己頭上，可偏偏他還是把自己開了個頭丟給上官鼎續完的《劍毒梅香》算在自己頭上（嚴格說來應該算在上官鼎作品）。《神君別傳》的故事是從《劍毒梅香》延伸而來，剛好從古龍在《劍毒梅香》中斷的地方續寫，補完成為一個完整的故事；數年前風雲時代終於購得舊版《神君別傳》版權，重新出版，算是了了古龍迷一樁心願——雖然說還是上官鼎續寫的故事比較好看。

　　除了上述曾經改版而有價值的舊版武俠之外，有些武俠小說，其價值是另一回事，倒是其體裁或題材堪稱個「奇」乃至於「怪」字。老爸酷愛龍井天的武俠小說，文言書就，精練痛快，而奇就奇在龍井天活躍於 1950、1960 年代，並非清末民初作家，卻在白話武俠小說中殺出文言武俠一片天。是以家中有兩套爸自年少便收藏的龍井天《九州異人傳》（文言）和《乾坤圈》（白話），並交代我日後在舊書肆或網路拍賣，非得見

一套殺一套不可。畢竟龍井天的老武俠確然少見，可謂「稀、奇、古」三全。

　　葉洪生、林保淳兩位先生編的《臺灣武俠小說發展史》，可謂劃下華人武俠小說論的一道里程碑，其內文曾提及：過往恐怕只有1976年諸葛青雲寫的《石頭大俠》是以臺灣為舞臺的武俠小說；正好家藏五冊重光書店的《臺灣四大俠》可以增補此論點。《臺灣四大俠》系列，是以鄭成功麾下四名劍客為主角，最後一冊大結局標題甚至是〈飛龍幫大戰臺灣海〉，此應算是最早與臺灣密切相關的武俠小說。這一部，可謂「稀、

06　　　　　　　　　07

奇、古、怪」四全了。此書已在多年前，借予武俠小說評論家林保淳教授，希望在他的研究下，給予這部小說應有的地位。

　　談武論俠憑誰繼？現代如明日工作室、風雲時代出版的武俠小說，封面越來越精美、裝幀越來越講究，誰還耐煩小心翼翼捏著如同冥紙裝訂成的小冊子？然而撇開新舊版的問題、能不能增值的打算，就是需要這樣的小冊子，才能勾起許多人少年時，在昏黃燈泡下偷看小本武俠的情調吧。

08

神州夢斷，
挑燈尋夢

 到底誰「背叛」了溫瑞安？

所謂「溫迷」，共分三類。

第一類：只讀溫瑞安武俠小說／漫畫者。這類讀者遇到溫瑞安的推理小說，好吧勉強看看。溫瑞安的純文學？那是什麼，可以吃嗎？光他的武俠就追不完了：王小石還沒有平定諸邪、吳鐵翼尚未束手就擒、驚怖大將軍更無惡貫滿盈啊！（敲碗）

第二類：深入探討神州詩社及三三集刊團體在文壇影響者。這類讀者可以背出「你看你看，這像不像個壯麗的朝代」、「我是那上京應考而不讀書的書生」之類的詩句，並能夠分析馬華文學的特點與 1970 年代臺灣文壇的氛圍。這類人若自謙不是文青，太陽系內就沒有文青了。

第三類：關心八卦者。這類讀者看過溫瑞安各類通俗小

說，也有一些神州詩社的書刊，但是最關心的還是到底誰「背叛」了溫瑞安；想知道哪些人、做了什麼，讓溫瑞安氣得在寫《神州奇俠》時讓他們死了一次、在《刀叢裡的詩》又死了一次。

毫無疑問、眾所皆知地，我是第三類。我去蒐集神州解散相關資料的作法，完全是參野狐禪，起步時沒有什麼文壇熟人可供諮詢，只好埋頭苦幹捐精賣血購入市面上能找得著的神州書籍，從其中的紀錄去推敲臆測。因此幾年來，以拋磚引玉的心態寫了幾篇聊神州詩社的文章，也獲得了幾位不願具名或有具名但叫我堅稱是不具名的高人指教，讓我修正了一些觀點。雖然看過去整件事情似乎還是一團迷霧，但迷霧裡似乎有些確實的影子了。

我最初是從溫瑞安的武俠小說開始收，慢慢地，《神州系列》、《四大名捕》、《說英雄》、《打老虎》、《鬥將軍》、《七大寇》和什麼七幫八派的小短篇自不用說，少有人提起的《今之俠者》、《六人幫》、《鑿痕》、《溫瑞安回來了》、《他在她臉上開了一槍》、《吞火情懷》、《我女友的男友》……我也入手了。這之後，得知他除了各類小說，也寫詩及散文，於是便留意去蒐集。可嘆世間真有「共時性」這規律，我當年著手收溫瑞安各種純文學作品時，全華人地區不知怎的也要跟我共襄盛舉，甚至還有遠從中國來奇摩拍賣競標的，一時風聲鶴唳、哀鴻遍野，只肥了丟出相關文集的賣家。2008 年，神州詩社主編的《青年中國》雜誌，在網路拍賣上的結標價屢次翻

倍，在半年內漲了 20 倍！現今風潮已過，神州相關作品喊到天價的情況已經較為少見。

神州詩社到底怎麼解散的，這件事我留意了很久。當年詩社的成員，包括溫瑞安、方娥真兩人，自出獄後就沒有公開地、詳細地說出到底為何被情治單位盯上、詩社內是否有內賊、是誰背叛、是誰大難臨頭各自飛……，詩社成員如此低調，外人更加不明就裡。

曾看過一篇論文，偶忘是訪問朱天心還是朱天文，她不以為然地表示，溫瑞安的神州詩社玩得太過火了，一個外人到他們的社團，還得經過各級幹部重重審核，認為你夠格了才能見到「大哥」溫瑞安。這算啥？武俠小說裡的俠客闖山寨，要打過了八七六五四三當家等雜魚，才能見到正副幫主嗎？2011 年，我受邀到舊香居舊書店談神州詩社，活動主持人韓良露也說自己年輕時，曾經接到神州詩社的邀請，對方強調「溫大哥想見你」、「大哥從不主動見人的」，儼

01 《坦蕩神州》

01 《坦蕩神州》

溫瑞安編，1978 年初版，長河出版社

然幫會作風。

　　因此就有人抓住這點，說別看平時三三文集和神州詩社好像互為結盟，但溫、方一出事連吭都不吭一聲，連軍人作家出身的大老朱西甯——他軍政和文壇號召力夠強了吧——也沒有站出來為溫瑞安辯解過。反倒是葉洪生曾為溫瑞安奔走，後來溫瑞安在「自傳性」小說《刀叢裡的詩》中，就把葉洪生化做故事裡為解救冤獄者而奔走的主角「葉紅」。

　　神州詩社到底怎麼被情治單位盯上？我幾年來蒐集的資料，拼湊出來的原因和現象大約幾點：

一、詩社影響力過大

　　神州詩社從溫瑞安、方娥真、周清嘯、黃昏星幾個原先在馬來西亞的小孩子所組成的文藝社團，來臺之後變成社員數百、對年輕人影響力甚大的組織，在當時的專制空氣中是不被允許的：這，豈非紅衛兵的翻版？

二、部分社員造成社會問題

　　就像數年前有新聞報導大學生為了做直銷不顧學業一樣，部分社員對於詩社太過熱衷，荒廢學業，甚至寧願打工來養這個社團，造成學校、家庭方面的不滿。

三、宣傳中國事物

　　這是情治單位公布的罪狀：「為匪宣傳」。神州詩社是一

群大馬華僑子弟創辦的團體，他們擁有一種強烈的中國尋根意識，所以他們時常在社內教唱中國民謠，而這些民謠便成為他們為中共宣傳的罪證之一。此外，當時金庸的武俠小說在臺灣仍屬禁書，但換了書名、作者，照樣偷偷流傳，溫瑞安不但不偷偷看，還撰文大力宣傳金庸的小說，並與金庸通信。這些文章、書信也成為罪證。

四、詩社內部分裂

至於他們自己人曾經為了什麼事分裂，那就不是外人能得知的了。溫瑞安曾經把神州詩社的發展，寫成武俠小說「神州奇俠」系列，並把溫瑞安周遭與詩社同仁化為小說中人物。但是這系列小說大約發行到 1979 年左右——也就是詩社被情治單位搜索前一年——溫瑞安在小說的序、跋文就說到，最近社裡發生了些挫折云云。而這部小說也跟著文風丕變，從青春熱血躍馬江湖的開頭，轉進了多災多難、亡命離散的情節。

事情不會是一直線進行的，以上幾點，我相信都是神州詩社解散的因素，它們可能互為因果，也可能互相震盪。一個足以和三三文集相提並論的文藝社團，在政治因素下灰飛煙滅，當年他們的詩文影響了多少人、被收錄進多少選集、被多少文壇大老讚揚，如今你翻開坊間各種詩選、散文選，除了林燿德，幾乎看不到神州詩社當年的活躍人物了。當年宛如唐朝長安的盛世，現在什麼都沒留下，看來彷彿是假的一樣；這讓我

想起溫瑞安在自己的武俠小說中，曾經出現過一把劍，劍名很長，念給你聽：「數年前悲壯的歌，唱到數十年後，會不會成了輕泣？」——這把劍的名字，是溫瑞安的自況吧？曾經如此豪壯熱烈、精彩驚人的神州詩社，諷刺地在 1980 年代初，被誓言要「光復神州」的政府給「光復」了。

正當我拼拼湊湊，不知在這朦朧夢裡往哪邊走時，遠方竟有人語聲響—— 2010 年 4 月的《文訊》雜誌，不知道該說是很大膽還是很卑鄙地，分別向神州詩社現今已然星散各地、可能互不聞問的成員們邀稿，要他們談談當年究竟發生啥事兒，輯為「神州特刊」。在成員相互沒有事先套招的情況下，出現

02《文訊》

神州特刊（2010 年 4 月）

03《文訊》

特刊中溫瑞安的訪談

02

03

了大方向論述一致，小地方各說各話的驚險狀況，而顯然這些各說各話的小地方，才是關鍵。眾人的論述，重點整理如下。

第一篇是溫瑞安的訪談〈談神州詩社與神州事件〉。問到當時為何被關，他也只能說樹大招風；是誰誣告？一如往常，他三緘其口，而且說已不在乎、不會報復。基本上，這篇的溫瑞安，一如他小說的序文：熱情、豁達而有自信。另有幾個八卦或蛛絲馬跡：

04

1. 神州詩社出門推銷刊物，溫瑞安說是大家自願、開會共識、賺錢作為公款。每次出外推廣，溫瑞安只有兩次缺席，一次生病、一次迷路。（然而關於賣書，請參照方娥真和陳劍誰的說法。）

2. 國安局搜到的「匪書」，其實都是後來自稱「受害者」的兄弟帶進臺灣的，但溫瑞安向國安局攬下來說是自己帶的。

3. 溫瑞安回到新馬向兄弟求宿，遭到冷淡對待。

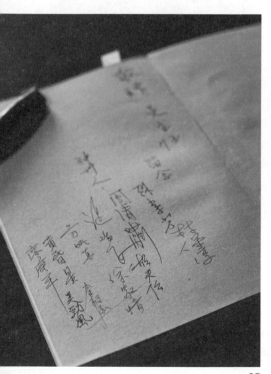

05

4. 有些人把在原居地受過委屈或排斥的話，明明當時是大家七嘴八舌講的，全推給溫瑞安。（關於「批判大會」，請參照陳劍誰的說法。）

5. 和方娥真早在 1978 年分手。（關於分手原因，請參照方娥真說法。）

6. 為此事奔走之恩公：胡菊人、楊升橋、蔣芸、高信疆、柯元馨、葉洪生、宋楚瑜、馬英九、張曉風、高俊明、陳曉林。

06

07

06 神州文集第一號
《滿座衣冠似雪》

溫瑞安等，1978年，
皇冠出版

07 神州文集第二號
《踏破賀蘭山缺》

方娥真等，1978年，
皇冠出版

08 神州文集第三號
《一時豪傑多少》

陳劍誰等，1979年，
皇冠出版

09 神州文集第四號
《夢斷故國山川》

周清嘯等，1979年，
皇冠出版

08

09

第二篇：黃昏星〈因為，沒有遺憾〉：

1. 1980 年 9 月 26 日，被帶走的人為溫、方、黃昏星和廖雁平。周清嘯沒被抓，出事後很關心。殷乘風早在一年前離開詩社。

2. 黃昏星每天騎腳踏車到看守所送白果甜湯給溫、方。

3. 詩社巨變原因：樹大招風。

4. 變故後，印刷商王老闆上門追債，神州開會決議解散詩社、社友復學、攤還債款。

第三篇：廖雁平〈我與「神州詩社」的因緣〉。廖雁平對於神州為何被抄、哪些兄弟反目，並未提及。文章皆敘述個人參加神州及來臺的因緣，以及和溫瑞安的互動情誼。

第四篇：方娥真〈一條生路〉。方娥真這篇很精彩，似乎隱約講了許多祕辛。

1. 當時社員遊說溫瑞安，自己開出版社，出版溫瑞安的書可以賺錢維持詩社。

2. 方對溫說她不想去賣書，溫瑞安說這樣社員會認為他偏祖方，所以方娥真也都和其他社員一起去推銷書，而且銷路最好。（我注：因為方是正妹！）

3. 不久，因為有社員對不起方娥真在先，造成溫、方分手，方娥真離社。（我注：這事八卦味甚濃，後來有網友寫信告訴了我大概發生什麼事。）

4. 爭相要辦出版社的社員突然一個個離開，最後集體退出。

5. 方娥真在神州由盛轉衰之時回社，力求收支平衡，想辦法籌錢還印刷費。

6. 被抓後在獄中收到判決書，才知道這群搞出版社搞到中途退出的人，就是陷害溫、方的誣告者。

7. 方娥真由這些誣告者知道了「溫瑞安魔鬼的一面」，但溫瑞安絕不可能叛亂，方不可能指證其罪名。

8. 流言說溫瑞安叫社員幫溫、方兩人賣書。

9. 誣告者在溫、方兩人入獄時傳播流言，趁溫、方不在臺灣時繼續抹黑，此流言後來化做文字，寫成論文。

10. 為此事奔走之恩公：余光中，以及黃昏星去找的高信疆、金庸。

第五篇：陳劍誰〈回首狂妄神州〉。陳劍誰這篇的立場和口氣很奇妙，講了很多詩社內部的規矩，也是隱約似乎透露出什麼來。

1. 大哥不是想見就能見的，烘托大哥形象成了本能。

2. 眾社員上課太少，休學、退學者眾，不被家人諒解。

3. 為了描繪溫瑞安的文學大業，除了溫瑞安和方娥真，神州社員個個背債。

4. 走出戶外推銷書為「打仗」，社員們背著大書包出門，溫瑞安在門口相送，有時方娥真也會參加，溫瑞安則是中途來到現場觀戰。

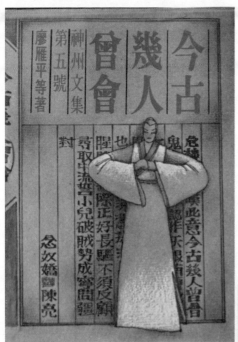

10

10 神州文集第五號《今古幾人曾會》

廖雁平等，1979 年，皇冠出版

11 神州文集第六號《細看濤生雲滅》

黃昏星等，1979 年，皇冠出版

12 神州文集第七號《虎山行》

秦輕燕等，1979 年，皇冠出版

12

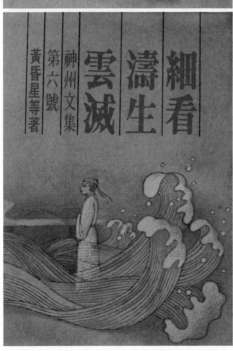

11

5. 1979 年正式成立神州出版社，陳劍誰為社裡唯一大學畢業生，擔任發行人，認識了出版《青年中國》雜誌的王老闆，他建議自己印銷路最好的溫瑞安小說，他先墊錢，等收到書款再還他。方娥真則說版稅不能比外面低，才更能展現我們出版大哥作品的誠意。後來因為警總突襲神州詩社，否則陳劍誰就得開出生平第一張鉅額支票，付清溫瑞安三本書的版稅。

6. 長期的金錢匱乏、學業荒廢、開不完的批鬥大會、愚公移山似的背書賣書、神州成立初期的重要社員陸續退社。退出的社員常成了溫瑞安武俠小說中的背叛者。

7. 大家圍坐檢討當天工作得失，成為批判大會，但不會批溫、方。

以上是《文訊》中關於神州事件最重要的幾篇文章，似乎已然從各人的矛盾說詞中看出些什麼了。2012 年 3 月，李宗舜出版《烏托邦幻滅王國──黃昏星在神州詩社的歲月》，書前溫任平的序文，以溫瑞安兄長的立場，把神州詩社的解散經過說得很直白了。李宗舜則在書中第五輯詳述神州的發展過程，又把事情講得更詳細──然而李宗舜和溫任平的觀點仍不盡相同，李說神州巨變，乃樹大招風所致（頁 159）；溫任平則認為不盡然，「碩壯、健康的樹不會這樣倒下的」（頁 26），神州積極推展社務，使得成員個個無法完成學業，造成家庭社會問題，才是被盯上的原因。

回顧我從各方資料拼湊出四個神州解散的原因：詩社影響力過大（樹大招風）、部分社員造成社會問題（無心於學業及經濟問題）、宣傳中國事物、詩社內部分裂；如今由昔時成員的敘述來看，我早年列出的這四點，大致不差，只是何者方為導火線，連當事者眾也言人人殊。

　　最後，也許是收藏神州詩社的精誠感動上天，終於有了幾次機會直接或間接聯繫到幾位神州大老，真相水落石出。假如神州詩社被「抄家」真如溫瑞安所說是被社員「背叛」，那麼他何不理直氣壯直接點出是誰背叛？如果溫瑞安真的有「魔鬼的一面」而造成社團分裂，那社員何不出面指責溫瑞安的過錯？真正了解內幕之後，一點就通，恍然大悟──真相爆出來，雙方都壞了名節，如此而已；加害者和受害者究竟是誰，界線模糊了，於是選擇絕口不談。

　　不過，雙方選擇不提的那件事，只是「滅社」的導火線。真正的火藥遠因，據神州詩社重要幹部說，還是戒嚴氣氛下的社團箝制。

　　這又要岔出去講另一個故事。若干年前，有一家舊書店老闆，在街邊看見一老者丟棄廢紙至回收區；本來紙類回收是現代人習以為常之事，老者偏偏丟得偷偷摸摸鬼鬼祟祟，彷彿高中少女丟棄嬰孩。老者走後，舊書店老闆以其敏銳的第六感翻檢這些廢紙，原來老者竟是警總退休人員，廢紙堆中有當年辦案的筆記。其中有一則「清舟專案」，即是紀錄神州詩社調查口供。從口供來看，連許多社員也不知是誰的「告密者」

呼之欲出，而且社中早有臥底。難怪警總不出手則已，一出手瞬間就把偌大社團滅了，原來有緊密的情報網來著。歷經白色恐怖，此後神州社員星散四處，大多隱姓埋名，不願提起曾為「神州人」，以避橫禍。

再怎麼提倡文學、宣揚中華文化、跟蔣經國合照，一旦觸犯當權者的禁忌，也只能煙消雲散。翻閱這些舊書，有幾本在扉頁都留下 1980 年代初購買者的簽名，輕撫著這些彷彿還年輕著的筆跡，只能緬懷三十幾年前那群「不合時宜」的神州詩社。

我曾因為讀溫瑞安的小說，大為折服，蒐集神州文獻；又因知悉內幕，神州夢醒，將藏書盡數拋售。而今只留下幾本留念，與其說是紀念神州詩社，不如說是紀念當年初入藏書界的衝勁吧。

古龍小說世系譜──
古龍小說有幾代江湖？

古龍真的有在認真計算
各作品間第一二三代江湖的問題？
那他就不是古龍了。

　　武俠小說或漫畫，常有「第一代江湖」、「第二代江湖」
的設定。以港漫來講，有這種設定並且公開稱之「第 n 代江
湖」者，最有名的就是《霸刀》、《刀劍笑》了。其他武俠
作品，縱然沒有這樣的稱呼，但還是可以套用這個概念；例如
金庸的射鵰三部曲，《射鵰英雄傳》是第一代江湖，《神鵰俠
侶》當然就是第二代江湖了。至於《倚天屠龍記》，在小說延
續上算第三代江湖，但其實依年代一算，《神鵰俠侶》書末的
小毛頭張君寶在《倚天屠龍記》開頭都已經成為人瑞，說《倚
天屠龍記》已經是第四五代江湖都講得過了。
　　那麼古龍呢？古龍的小說，有沒有這樣的江湖設定？一來
古龍小說沒有明顯的朝代、年分設定；二來古龍小說的主角彷
彿個個都絕後一樣，很少有兒女當另一部故事主角。所以直覺

上似乎沒有——然而我們仔細一想，還是有的。

之前偶然翻了一本港漫《古龍群俠傳》，裡頭把古龍小說的人物全部湊在一塊兒，讓我突然想起一個問題：雖然說古龍的小說幾乎都沒有朝代的設定，但是他的小說故事順序大抵是依照寫作順序排的。

也就是說，古龍先寫《絕代雙驕》，再寫《楚留香傳奇》。所以小魚兒的輩分應該大於楚留香。當然在他小說裡不會寫得這麼仔細，但是仍有些蛛絲馬跡可以依循。比如提到「小李飛刀雖然仙逝已久」，就知道這故事的年代在《小李飛刀》之後。

如果真的要把古龍小說裡的人物來個大亂鬥，確實可以整

01

01 古龍專櫃

理出一個武林世系表，看出哪些人是活在同一個世代中，彼此能相遇的。

一代江湖可能是《大旗英雄傳》或《武林外史》。鐵血大旗中的夜帝，其徒弟就很可能是楚留香。（這是在《楚留香傳奇》中暗示的）；而《多情劍客無情劍》裡頭，提到阿飛與沈浪關係匪淺，很可能是其後人。

再來比較《楚留香傳奇》和《多情劍客無情劍》，發現《多情劍客無情劍》裡頭曾經提到「昔年楚留香……」，所以判斷楚留香比李尋歡早，和楚留香有連帶關係的《鐵血大旗》也就比和《小李飛刀》有關係的《武林外史》早。但是時間上應該不會差太多。

楚留香的下一代，是他的女兒，由古龍弟子丁情所寫的《西門無恨》。在《西門無恨》中，又提起了《流星蝴蝶劍》裡頭的孫小蝶如今已經變成寡婦，所以如果《西門無恨》比楚留香晚一代，《流星蝴蝶劍》則應該比《西門無恨》早半代。

《小李飛刀》的下一代，就是他的徒弟葉開。葉開和傅紅雪同輩，而傅紅雪在《天涯明月刀》曾經去過孔雀山莊，提到一個有關毒酒的故事。這個故事，就是「七種武器」系列的《孔雀翎》，所以判斷「七種武器」又比葉開他們早。

「七種武器」系列還有個故事叫《離別鉤》，故事主人翁楊錚和狄青麟在另一部由丁情所寫的《那一劍的風情》曾經出現過，時間是《離別鉤》故事發生的八年後。而《那一劍的風情》主角藏花在另一部《怒劍狂花》中，曾經遇到老了的謝曉

峰。所以《三少爺的劍》謝曉峰約和「七種武器」差不多時間，而藏花晚他們一些。

頭昏腦脹了嗎？喝杯水，閉上眼睛按摩一下太陽穴，後面還有。

《三少爺的劍》裡頭有個殺手叫燕十三，他說他這名字是因為以前有個人叫燕七。而這個燕七，就是《歡樂英雄》的人物，所以判斷《歡樂英雄》比《三少爺的劍》年代早。

再來是《碧血洗銀槍》裡頭有一個沈紅葉，據說是沈浪的曾孫。是曾孫輩的話，應該相隔三代。又，《圓月彎刀》出現了謝曉峰的女兒謝小玉，所以《圓月彎刀》比《三少爺的劍》晚一代。

最後，《飛刀又見飛刀》的李壞，他父親曼青先生是李尋歡的曾孫，所以《飛刀又見飛刀》約比《小李飛刀》晚了三四代。

《劍神一笑》裡頭的百里長青，極可能就是「七種武器」的百里長青。但在七種武器系列，他的身分是長青鏢局的鏢頭，只是想和其他四大鏢局聯合為全國最大鏢局而已。在陸小鳳系列中，他已經是南北十三省最大鏢局的負責人，而且已經十七、八年不曾親自走鏢了。由此觀之，所以陸小鳳約晚「七種武器」半代。

好了好了，我講完了，以下直接給懶人包。綜合上述，增補整理世系表如下：

時代		代表人物	著作
一代	鐵血大旗門	鐵中棠、夜帝	大旗英雄傳
一點五代	快活王	沈浪、王憐花	武林外史
二代	無花家族	楚留香、胡鐵花	楚留香傳奇
二點五代	金錢幫	李尋歡、阿飛、天機老人、林仙兒、上官金虹	多情劍客無情劍
		孟星魂	流星蝴蝶劍
		燕七	歡樂英雄
三代	青龍會	楊錚、狄青麟、秋鳳梧、小馬	七種武器
		謝曉峰、燕十三	三少爺的劍
		西門無恨	西門無恨
三點五代	後金錢幫	葉開、林小仙	九月鷹飛
		傅紅雪	邊城浪子
		藏花	那一劍的風情
		陸小鳳	陸小鳳傳奇
四代	一盤散沙	沈紅葉	碧血洗銀槍
		丁鵬	圓月彎刀
五代	衰退	李壞	飛刀，又見飛刀

　　當然，要把這個世系表認真看待，是萬萬不能的。因為打死我也不相信古龍的設定會這麼嚴謹，連楚留香系列《蝙蝠傳奇》書末已死的金靈芝，在下一個故事《桃花傳奇》都能若無其事蹦蹦跳跳登場了，你說古龍真的有在認真計算各作品間第一二三代江湖的問題，他就不是古龍了。

再加上這個世系表為求廣博（其實只是想把它搞得更亂），又參考了非古龍的丁情作品，想當然爾只有更渾。但話也不能這麼說，搞不好丁情比古龍更注重條理，寫作的時候還真的把古龍不同作品的先後順序理出來呢？就像倪匡寫的衛斯理系列，前後諸多矛盾反而是葉李華在《衛斯理回憶錄》給逐個圓回來了。

　　這個世系表雖然不堪讀者細細考察，但粗略看過去，竟然還大致成理，互不矛盾，至少大幫派之間沒有衝突，比如說金錢幫沒有和青龍會處於同一時代強碰，否則李尋歡就沒戲唱矣，光看金錢幫和青龍會打架同歸於盡就可以了。

　　然而還有一個古龍小說中說不重要還真的不重要、說重要他的萬兒又確實散見於各作品中的人物，我不敢將他列入。他，就是以一手「七七四十九回風舞柳劍」成名的巴山顧道人，此人從未真正現身過，古龍在數部小說中提到他，也都是「昔年巴山顧道人」這樣的叫。他有許多弟子，雖然都不怎麼成氣候，但偏偏又散見於各作品中。這種等於活在平行世界的角色，我們還是放過他吧。

輯三

給我滿滿的限定版

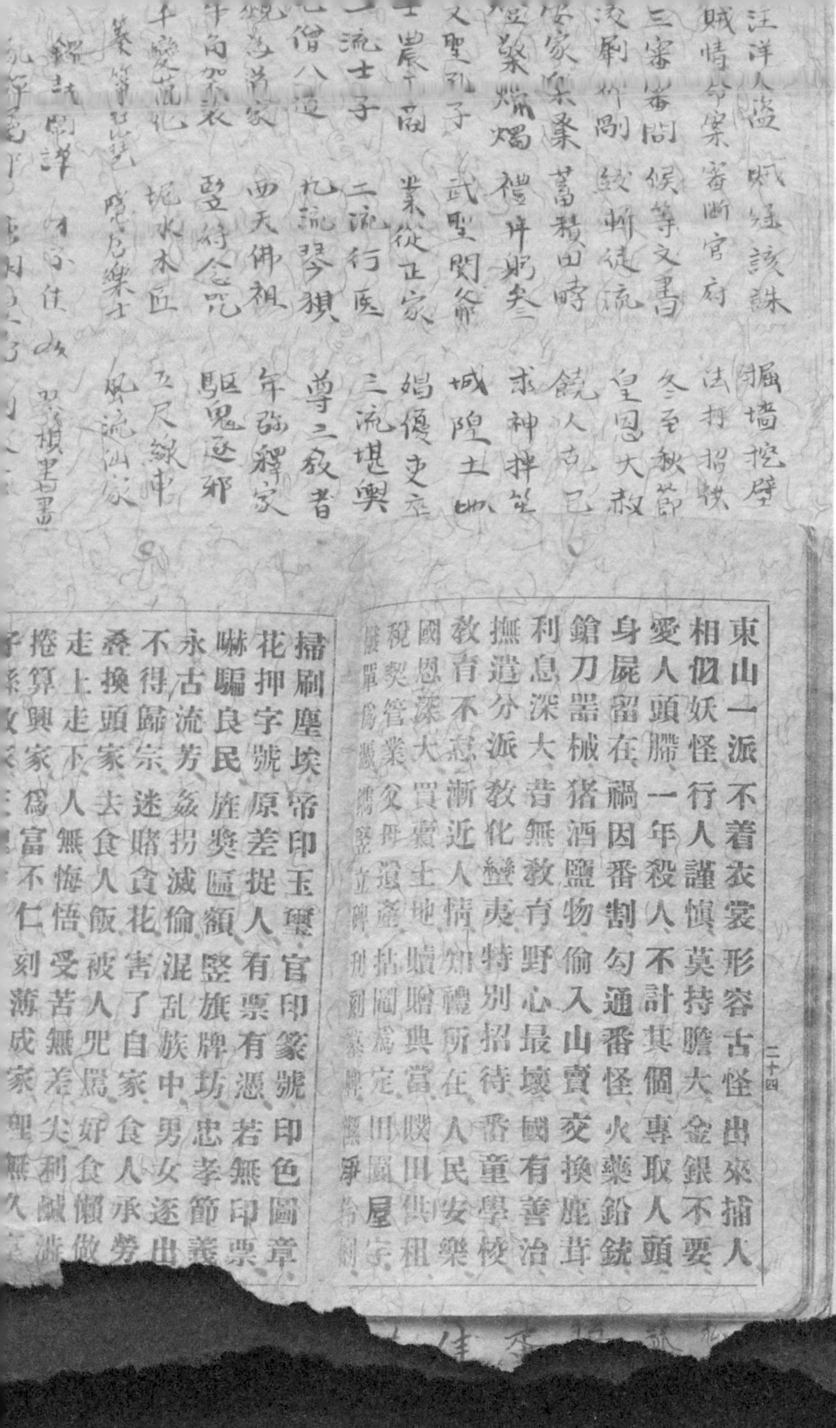

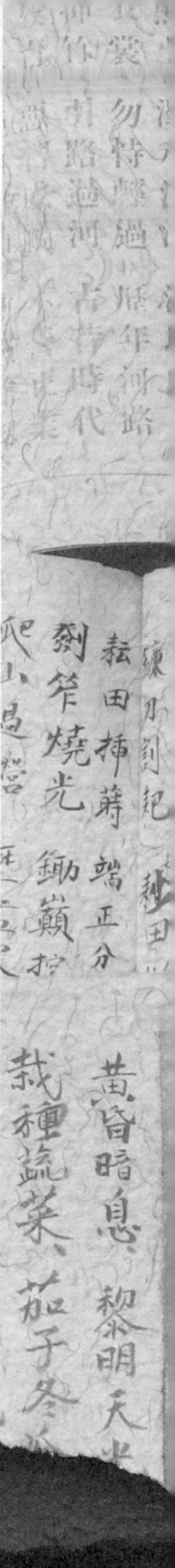

天之邪鬼——
西川滿其書其人

「西川滿」不僅是一個名字，
而是代表一段時代、
一股氛圍、一種品味。

　　西川滿何許人也？隨便翻開一本臺灣文學史——隨便誰寫的都行——如果在評述日治時期臺灣文壇時居然沒有出現「西川滿」一段（請注意，不是出現「西川滿」三字就行，依重要性來講，怎麼也要騰出一段專論來談他），這本書就算盜名欺世之作。

　　西川滿表面上是個文人，其實真正身分是臺灣新文學史教科書中的東瀛大魔王。雖然被文學評論家罵成臭頭，然而他就是無視於戰爭和困苦的現實，才能在那麼艱困的環境，照樣醉心於製作精妙的紙上工藝，開出浪漫華美的花朵。直到今日，這些出版品的裝幀藝術依然熠熠生光。

　　是故，隨便翻開一本臺灣版畫史、藏書票史、書籍裝幀史、藏書史，在前三章內沒出現「西川滿」三字，這本書等於

欺騙社會。

　　西川滿為什麼重要？他不僅是詩人、小說家、編輯，還是「玩書」的高手。在他之前，臺灣的書籍裝幀，大多四平八穩地符合漢民族「善本」的要求──木刻、石印，線裝，或許還有函套，內容刊刻精良、校對無訛。然而，由於適合印書之版料與版匠，臺島難覓，因此清代的臺灣圖書，有不少還得交託福建的刻坊出版。

　　進入日治之後，私人及官方的出版業比之前朝興盛許多，但書籍的裝幀仍多屬中規中矩。直到西川滿的出現，寫下了臺灣裝幀史最燦爛的開端。

　　西川滿把製作「限定版」視為人生的意義。他在 30 歲以前的書，很多都只限定 20 本，由此可看出他個性如何孤傲不群。後來條件稍微放寬（隨著年紀增長，文友增多？），自忖這世界上若有 75 個讀者想讀他的書，就已經不錯了，因此開始發行限量 75 部的限定本。就我親手摸過的有《梨花夫人》、《嘉定屠城記略》、《華麗島頌歌》麗姬版，還有他替黃鳳姿出版的《七娘媽生》新娘本等。

01

01《華麗島頌歌》

麗姬版（西川滿，1940 年，臺北日孝山房），限定 75 部之第 35 號

以現代觀點來看，西川滿這種個性還真「文青」──今日的文青，讀的是小眾文學，辦的是獨立刊物，逛的是獨立書店，聽的是地下樂團，若支持的地下樂團躍升主流天團，文青還會撇嘴說「他們已經忘記初衷了」，藉以塑造出不從流俗、特立獨行的姿態，但西川滿則打從出書時就限量發行。民俗學專家柳田國男曾寄明信片鼓勵西川滿：「你是限定本的大家，不只在裝本上，更殷切地希望你在內容方面也一定要成為大家。」但西川滿居然因此覺得反感，便將明信片丟到垃圾桶了，好個任性的文青啊。

　　後來，西川滿的父親西川純將這明信片拾起，放回西川滿的桌上，並留下字條說「乃父也希望讀到百萬人的文學」，鼓勵西川滿不應只滿足於發行小眾圖書。西川滿是很孝順的人（所以自號「日孝」），於是妥協了，接下來的《媽祖》雜誌便大大提高印量──限定 300 本。我說滿爺您還是很限定啊，真的有把爸爸的話聽進去嗎？

　　我在相當晚近讀了臺灣文學史，才知道西川滿這號人物。家父雖也藏書，但他骨子裡流的是傳統文人實事求是、勤儉樸實的血液，會對清代木刻版的《三國演義》愛撫不已、仔細線裝；但對於我小心翼翼包裝西川滿的書，他會丟一句：「冊就是欲讀的，做遐嬌無效啦！」（書是用來讀的，做那麼漂亮沒用啦！）所以，我打小生長在沒聽說過西川滿的藏書家庭中。而初識西川滿時，對他並沒有好印象，因為關於西川滿，教科書總是這麼告訴我：「代表殖民者的意識形態，對臺灣的現實

生活毫無關心」、「他內心的欲望幾乎可以讓讀者感受其熾熱與邪惡」、「皇民文學的指導者」……

　　他的文學作品究竟立場為何，有諸多論文討論，有興趣的讀者自可搜尋，而我今天只談他的書本身之趣味。我買入的第一本西川滿作品是 1942 年書物展望社出版的《赤嵌記》，這本書可以說是西川滿最有名的書，但最有名的書不代表最珍貴，這個版本的《赤嵌記》因發行量較大，當時會擺在書店賣的，稱為「並裝本」；故普遍，故聞名，故價廉。（近年拍賣起標價六千元還價廉你還讓不讓人活呀！）

02《赤嵌記》

西川滿，1940 年，
臺北日孝山房

03《赤嵌記》

西川滿，1942 年，
東京書物展望社。
右為函套，左為書封

02

03

追西川滿的人，若沒經手過幾本他的限定本，百年之後肯定不會含笑而終的啊。為了避免這種憾事發生，我也收了幾部限定本。他的限定本中還有一個潛規則：若書籍裝幀上有門神版畫者，必然可兩本成對。好比我的《梨花夫人》內頁有一張門神版畫「加冠」，表示我還得找另一本附有「晉祿」門神的《梨花夫人》才算完備。可是《梨花夫人》發行數是 75 本，也就是說，註定有一本是湊不到另一個門神的！噫，西川滿身為日治臺灣新文學史的終極反派，想不到還兼職當藏書界最會設下難關的魔王，服了服了。

04

05

04 《梨花夫人》函套

西川滿，1940 年，臺北日孝山房

05 《梨花夫人》封面

06 《梨花夫人》門神版畫

07

08

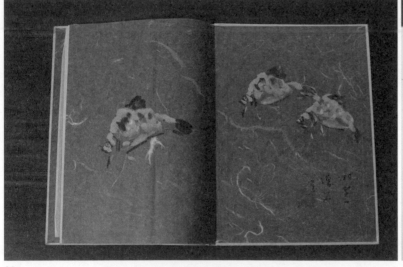

09

10

本書七十五部中
之特殊一冊本也

藏書之家

而其中《嘉定屠城記略》這一本，值得再拿出來一提。此書出版於 1939 年，限定 75 部，但我收藏的這本扉頁有西川滿題字「本書七十五部中之特殊一冊本也」，何謂「特殊一冊本」，特殊在哪？原來是西川滿要寄贈此書給朋友，但思及就這樣寄去無法突顯特別的友誼，於是請畫家大賀湘雲在前後扉頁畫了金魚，遂成為世界上獨一無二的版本了。

　　又像那本《傘仙人》，乃西川滿為其子西川潤所編之童話，1938 年出版，限量 222 部。這 222 部又分三種版本，編號 1 到 22 號有朱傘印，稱為朱傘本；第 23 號到 222 號為黃傘印，稱為黃傘本。原本西川滿只為朱傘本親手上色，為了促銷，黃傘本也挑了其中 30 本上色。於是就有了西川滿親自著色的黃傘本特殊版本，十二幅插畫皆由西川滿著色，本本都不可能完全相同。

　　對於書，西川滿永遠是最用心賦予其獨特生命的作者。

　　但說來諷刺，他一生中最精彩的作品——無論是裝幀還是文學——偏偏都集中誕生於太平洋戰爭即將爆發之際。因此文學評論家砲轟西川滿從不嘴軟，他們抨擊西川滿這人絲毫不關心現實，又挖出西川滿的八卦，說他回日本替人算命和寫色情小說餬口，彷彿失意潦倒是他作為皇民文學幫兇的報應。確實，西川滿看待臺灣的眼光，和出身貧困的臺灣人有極大的差異，畢竟血液、家境、教育都和大部分臺灣人不同：看見竹凳，臺灣人會坐在上面忙活剖蚵或挽面等謀生工作；西川滿則會仔細欣賞其造型，並請立石鐵臣繪成 Q 版的圖案，印在下一

07《嘉定屠城記略》函套

西川滿，1939 年，臺北日孝山房

08《嘉定屠城記略》封面細節

09《嘉定屠城記略》扉頁之金魚

10《嘉定屠城記略》「特殊一冊本」

本書封面。他就是能夠無視於社會的殘酷，才能投注在美的創作，在最貧瘠荒亂的土壤上，開出瑰麗華美的花朵；成為連天烽火之下，浪漫主義的最後一道防線。

戰爭結束之後，西川滿一家被遣返回日本，當時對於遣返日人規定甚苛，連攜帶毛巾肥皂都有數量限制，能帶走的財產極為有限（據說西川滿堅持要攜帶超過規定數量的書籍，經過一番波折，才破例放行，讓他把自己出版的書帶回日本）。也因此，剛回日本的西川滿，生活困頓，靠著擺攤替人算命、寫通俗小說過活。但在那樣的環境，他依然出版大量的書籍，到晚年就算用影印機也要印出手工書；還設立宗教團體「日本天后會」，自命教主。總之，要做，就要做大的，你說他活得還

11 《傘仙人》

西川滿，1938 年，
臺北日孝山房

12.13 《傘仙人》

黃傘本由西川滿親
手上色的內頁

14 《採蓮花歌》

西川滿，1941 年，
臺北日孝山房

真是個爺們。

　　可惜，這段時期經濟上的窘境，影響了他創作的品質，導致西川滿在戰後的書籍，收藏價值大多不如戰前出版品。然而在戰後，西川滿熱才正開始發燒。一來是西川滿留在臺灣的藏書流入市場，補充了不少貨源；二來在日本也有大批西川滿的珍品流出，品相甚佳，其中甚至不乏西川滿家的「家藏本」。

　　西川滿的「家藏本」到底有幾本？我初收藏時以為一種書應該只有一本家藏本，直到我蒐集到兩本《採蓮花歌》家藏本

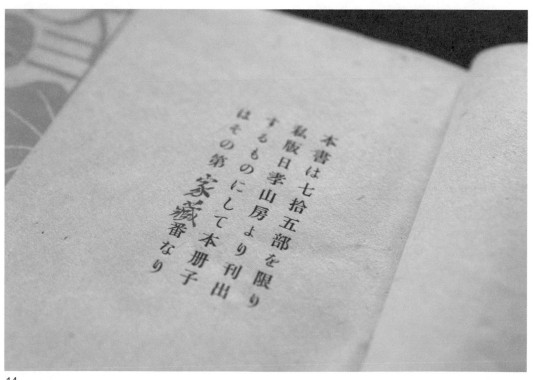

14

後，我迷惑了：「原來他每出版一本書，自存的家藏本不只一本？」後來，經由曾經與西川滿密切往來的張良澤老師解說，才知道西川滿每次製作只有 75 本的限定本時，他都會將裝幀材料先估多一些，等印好 75 本後，若餘料能再多做幾本，就成為他的家藏本。所以每種書有多少家藏本是不一定的，甚至可能拿家藏本來送人。

　　至於西川滿製作的限定本，並不流通至一般書店販賣，大多是自售；這種限定本存貨由於未經出售，在扉頁「限定七拾五部本書其第□□□冊也」的標示中，空白處都尚未填寫序號。西川滿在戰後沒帶多少書回日本，這批書籍釋出市場，購得者往往以為是家藏本；當然廣義來講這也是「家藏本」沒錯──在西川家藏了好久的貨底。然而真正的家藏本，西川滿大多會在上面寫「家藏本」三字。

　　比較奇特的是，我曾在日本網路拍賣見過一本「家藏本」，由西川滿之子西川潤先生另在信箋親筆寫明此為家藏本，可是書本身應註「家藏本」之頁卻留空白。可以推測這本書其實也是「庫存本」，但西川潤先生將之售出時，為了提高售價，因此另開「證明」將之升格為「家藏本」吧。這麼一來，「庫存本」與「家藏本」的界線更模糊了，在版本學上是不樂見的現象。

　　沒寫編號但能夠稱為家藏本的，除非是西川滿本人開證明。臺北百城堂舊書店老闆林漢章先生，堪稱西川滿作品私人收藏第一人，他曾經借我一本書，此書堪稱藏書界的都市傳說：西川

滿的愛貓死了，西川滿將貓交給臺北帝國大學醫學部委託剝皮處理，再將處理過的貓皮包覆書角、書脊，做成《四行詩集》的特裝本封面，俗稱「貓皮本」。然而這本《四行詩集》的扉頁並未註明是家藏本，幸好西川滿曾經在日本吾八書房發行的《限定版手帖》雜誌第18號上發表文章〈三つの特裝本〉，詳述這本書的製作原委；除此之外也曾在《銀花》季刊第23號〈西川滿私刊本〉特集披露，這本書才能驗明正身。

　　而我得幸收藏的是西川滿的《華麗島頌歌》，出版於1940年。此書限定500部，有兩種版本、三種封面，第1至第75冊稱為「麗姬版」，第76至第500冊稱為「公女版」。「麗姬版」封面有藍色和黃色兩版，「公女版」全為紅色；封面是以臺灣民間版畫「吊花籃」裱貼而成，本為「七娘媽亭」上的版畫。《華麗島頌歌》是西川滿最具代表性的詩集，據說他的墓碑鐫刻的題字便是「華麗島頌歌」五

15

15《華麗島頌歌》

西川滿，1940年，
臺北日孝山房

16

17

16《華麗島頌歌》

左一、二為「麗姬版」黃色及藍色封面，右一為「公女版」的紅色封面

17《華麗島頌歌》封面細節

18《華麗島頌歌》家藏本

19《華麗島頌歌》不同版本內頁亦有所殊異

字；因此，有西川滿親筆註明「家藏本」的《華麗島頌歌》，誠然意義非凡。

　　西川滿回顧其一生，自喻「天之邪鬼」，很能形容他的孤傲與任性，而他的個性與創作，合該越老越紅。臺灣總督府的時代已經過去 70 年了，西川滿到底是文壇大反派還是正港愛臺灣，留給學者爭辯，我等無關痛癢；反倒是他那精美的裝幀、可愛的版畫、挖空心思的創意，甚至跨足設計藏書票、風呂敷，讓「西川滿」不僅是一個名字，而是代表一段時代、一股氛圍、一種品味。無論走文青風、懷舊風、手作風，西川滿的新世代粉絲們都能在今日流行的時尚裡，找到追隨的理由。隨著時間的淘洗，國族矛盾的疑慮逐漸被釋懷，唯有那熠熠生光的紙上寶石，永恆向世人展示著華麗。

18

19

得西川滿
《繪本桃太郎》記

若說我入手
《繪本桃太郎》三國一本之後，
人生還有什麼憾恨，那就是不曾擁有
《繪本桃太郎》的家藏本。

　　在西川滿製作的美書當中，有一本《繪本桃太郎》是極為
稀有的。此書作於 1938 年，西川滿作詩、宮田彌太郎版畫，
全書由十幅版畫構成，每頁皆由西川滿親手以礦物彩料上色，
限定十本，稱為「三國一本」，所謂「三國一」是日本古代
說法，指「中國、天竺、日本三國第一」，也就是桃太郎之譽
「天下第一」；另有僅部分上色的「黍糰子本」，印了 65 本，
所謂「黍糰子」就是桃太郎與他的快樂夥伴在路上吃的食物。
「三國一本」的函套包布，取自西川滿長子西川潤穿過的浴
衣；「黍糰子本」沒有函套，以紙袋裝書。

　　這本《繪本桃太郎》的繪者宮田彌太郎，其實是西川滿最
早也合作甚久的「御用畫家」，然而由於戰後為疾病及貧窮所
困，未能在畫壇闖出大名，以致不如立石鐵臣那樣為人所知。

西川滿是在就讀臺北一中的少年時期，輾轉經朋友介紹認識了宮田彌太郎，初次見面便成了莫逆之交。後來兩人各別赴日讀書，返臺後，西川滿遂開始邀請宮田彌太郎為他創作版畫。

其實宮田彌太郎體弱瘦小，雕刻木版相當吃力，並不適合做版畫；然而他為西川滿創作生平首張版畫「乘轎的新娘」之後，便經常與西川滿合作，在《媽祖祭》、《亞片》、《貓寺》、《臺灣繪本》、《のつて・うゑねちあな》、《西遊記》等由西川滿負責的書籍中，或封面、或插圖、或藏書票，四處可見宮田彌太郎的手筆。直至 1968 年宮田彌太郎過世，最後的遺作仍是為西川滿《柿の歌栗の歌》而刻的版畫。

01

02

01《繪本桃太郎》

「三國一本」函套，
西川滿，1938 年，
臺北日孝山房

02《繪本桃太郎》

「三國一本」封面

03《繪本桃太郎》

限量 10 本的「三國一本」第七號

04《繪本桃太郎》

每一頁皆由西川滿親自上色的「三國一本」

吾友插畫家洪幅田先生，曾經拿宮田彌太郎為西川滿設計封面的《西遊記》，復刻為版畫。他說跟著宮田彌太郎的筆觸刻過一遍，不禁感嘆宮田彌太郎的構圖極具設計感，完全不亞於今日的創作。

在我訪書的過程中，對於西川滿的知識，除了來自臺灣文學史的涉獵以外，得於臺北百城堂舊書店老闆林漢章先生甚多。他與我聊起西川滿的珍聞軼事，屢次交待曰：「若有機會見到桃太郎的『三國一本』，非拿下不可。」何也？因其版畫精彩，因其裝幀用心，因其數量全地球只有十本啊！（那還是80年前的事，經歷水火兵蟲後，今日不知剩下幾多？）如果說《繪本桃太郎》是西川滿製作美書的最高成就，此譽當不為過。

初時我聽過就忘，不是不放在心上，而是橫豎也遇不到這等珍物。然而經過老闆一再提起，久了我也把書名記住了。後來我到扶桑訪書，偶然在舊書店見到《繪本桃太郎》，瞬間腎上腺素狂飆。當時在書店裡，「三國一本」與「黍糰子本」都在。當然，「三國一本」當初僅製作10本，其他65本是「黍糰子本」，數量上差了6.5倍，「三國一本」的價格自然也高出「黍糰子本」許多。

掂掂自己的荷包，今天就算是當堂在店門口鬻身求現，都無法湊到兩本打包帶走的金額（主要是自身鄙賤不值錢）。若只能帶一本嘛，我決定買「黍糰子本」過過癮，存著說「啊，西川滿的《繪本桃太郎》啊，我有了喔」這樣的心態，因此移

步入內下訂。然而我回旅社思考了一夜，捫心自問，難得一見的三國一本就在眼前，我真的放得下嗎？想清楚，是《繪本桃太郎》三國一本啊，這已經不是錢不錢的問題，而是遇不遇得到的機運了。

——如果今天我買「黍糰子本」，日後一定會懊悔，甚至會去再買一本「三國一本」來補償。

——如果今天我買「三國一本」，五岳歸來不看山，「黍糰子本」已經不夠看了，我不會再去買。

這就是累積無數次懊悔經驗的「心態」。我很清楚，今天我買了「黍糰子本」，等於日後還得買一本「三國一本」，才能填補遺憾。但如果我買了「三國一本」，我就不必再買「黍糰子本」了。——這樣考慮的話，甚至可以說：直接買下「三國一本」，才是省錢的作法。

隔天，趕緊跑回舊書店，放棄了「黍糰子本」，直接指明要「三國一本」。當老闆把書交到我手裡時，讓我喜出望外的是：老闆買一送一，附了一本《繪本桃太郎》平成版（1998 年發行）；可能是起先溝通時我沒有聽懂，老闆這兩本原本就是一起賣的，但我以為只有「三國一本」，今日意外得到新版的《繪本桃太郎》，雖然是「眠床頂抾著被」（床上撿到棉被），也當真令我又驚又喜。而且據說，這本平成版的《繪本桃太郎》，還是西川滿家藏本。

所謂《繪本桃太郎》平成版是怎麼一回事呢？原來在西川滿晚年，他又將早年的經典作品重新出版，例如《採蓮花

歌》、《繪本桃人郎》以及《貓寺》，都在平成年間重新翻印過，1999 年重新製作的《貓寺》更成為他的最後遺作。然而此時的再版，大多是用影印機將原書印製，以廣告顏料著色，精緻度無法與原書相比，但是也已經盡他晚年最大的心力、財力，去實踐他的裝幀美學了。

總之，我歡天喜地將這兩本《繪本桃太郎》迎神般迎回臺灣，訂做了桐木書盒盛裝，偶爾天氣乾燥晴朗之時，才請出來細細欣賞，萬分珍愛。若干時日後，住在日本的朋友通報我，日本的舊書店出現一本《繪本桃太郎》家藏本了！若說我入手《繪本桃太郎》三國一本之後，人生還有什麼憾恨，那就是不曾擁有《繪本桃太郎》的家藏本。因此，我趕緊請朋友將書影傳來，若當真是家藏本，我牙一咬把它拿下，從此我就可以宣布金盆洗手，不收西川滿了。（這類再也不買書的「退隱」宣言，很多愛書人都說過，但自然和我這番話一樣，都是說說而已。）

朋友傳來書影，這家書店有售《繪本桃太郎》三國一本及《繪本桃太郎》平成版。我仔細看其書影，《繪本桃太郎》三國一本並未標記編號，倒有西川滿之子西川潤親筆箋條證明此書為家藏本；《繪本桃太郎》平成版則標記是第 1 號。

這麼一瞧，倒讓我瞧出一些端倪，也解決了一些疑惑，為便於理解，先說結論：一、近年來市面上出現一些西川滿罕見的珍本，原來有可能是西川潤（西川滿之子）賣出來的。二、日本書店的這本《繪本桃太郎》三國一本，並非真正的家藏

本。三、我買到的《繪本桃太郎》平成版，確認是家藏本。

　　且讓我細細解釋。日本書店中這本《繪本桃太郎》三國一本，還附帶一張西川潤親筆證明，因此這本書是西川潤賣出來的，殆無疑義。既然西川潤會販賣《繪本桃太郎》三國一本，家裡其他珍本自然也可能經由他手中流出。

　　那為何西川潤把書賣出來，還要另外開立「家藏本」證明？因為這本《繪本桃太郎》三國一本最末頁該填寫編號之處是空白的，西川滿並沒有填上「家藏」二字。也因為如此，雖有西川潤證明，我偏生更確定此非家藏本，而是「庫存本」──西川滿製作的限定本，印好之後在家屯著，他會自留若干

05

06

作為家藏本，其他存貨每當賣或送出一本，才用毛筆在填寫編號的空白處寫上序號。直到他過世之後，有些沒賣出去的「庫存」，便成了永遠沒有編號的書。因此嚴格說來，這種書不能算「家藏本」，因為家藏本數量極少，而且也會填上「家藏」。那麼為何西川潤要開立證明說這是家藏本呢？我想是這樣能賣得一個好價錢的緣故吧。

另一個能證明該書非家藏本的證據，恰恰就是我先前從日本帶回的《繪本桃太郎》平成版。先前提過，《繪本桃太郎》平成版是由 1938 年的舊版影印出版，而我收藏的《繪本桃太郎》平成版，白紙黑字非常清楚，印著是「家藏也」。既然這

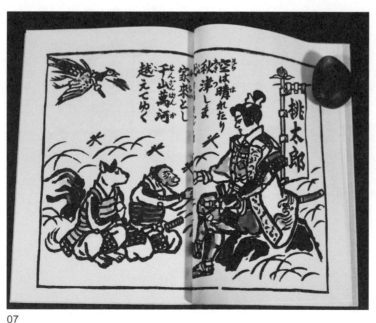

07

05 《繪本桃太郎》

「平成版」函套，西川滿，1998 年，東京人間の星社

06 《繪本桃太郎》

「平成版」封面

07 《繪本桃太郎》

「平成版」以廣告顏料著色的內頁

版本是影印 1938 年《繪本桃太郎》而來，反推得證舊版《繪本桃太郎》是有一本明確填寫「家藏」二字的家藏本存在著，如此一來，沒有填寫「家藏」的書，不管誰來另外開立證明，都不可能變成真的家藏本。

然而，再仔細與日本書店販售的《繪本桃太郎》平成版比較，日本書店那本，書末有硃砂寫明是編號「一」。也就是說，西川滿製作那本書時，是用書末未寫編號的舊版「庫存本」去影印，留著空白以便日後填寫序號。而我手上的平成

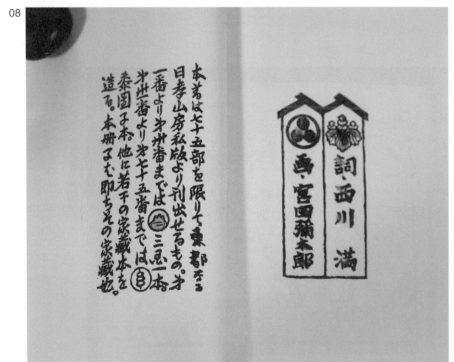

08

08《繪本桃太郎》

我所藏的「平成版」乃「家藏本」之復刻

《繪本桃太郎》，打一開始西川滿就是拿舊版《繪本桃太郎》家藏本去影印，因此印出來本來就有「家藏」二字。因此可以推想，影印後留有「家藏」二字的，是西川滿自存的家藏本。其他印出來填寫序號處是空白的書，就是準備要送人或賣出的。

西川滿的書，可愛與可恨之處竟然是同一件事：版本稀罕且複雜。若未仔細考察、認真比較，難以發現其差異。沒有發現版本的差異，錯把普及版當限定版、誤將庫存本作家藏本，價值天差地遠，萬一買錯，不免要使人徒呼奈何了。但正因為其書罕見，鮮有先行者整理版本研究，大多要靠自己到處蒐集資料，若僥倖在書海中能偶有所得，便讓人如嚼橄欖，越嚼越有味，此正是藏書之真趣；有這等樂趣，先前信誓旦旦「再也不買書」的誓言，自然又要作廢了。

打造臺灣的文學少女：
黃鳳姿、立石鐵臣與西川滿

年紀小小就出了三本書，
而且還找到立石鐵臣插畫、
西川滿裝幀，還得到日本文部省推薦，
這種殊榮，註定讓她名留青史。

　　讀高中時，公民老師的女兒大約只有四、五歲，可愛至極，一點都不像其母吾師。當時同學常開玩笑曰，趕快對她女兒下手，實施光源氏十年養成計畫——從幼女時就打好關係，等到十年之後，長成亭亭玉立的少女時，便能光明正大佔有。

　　這種怎麼聽都是整天埋首在戀童萌漫的阿宅才講得出口的點子，想不到在臺灣歷史上真有其事，而且名氣還不小，都是臺灣文學史上的人物。這兩個人，讀臺灣文學的人絕不陌生，那就是池田敏雄及黃鳳姿師生——也是夫妻。

　　黃鳳姿生於 1928 年，她還沒滿 10 歲的時候，在開滿櫻花的校園裡（日本漫畫不都得用這樣的場景？）遇到了他的導師池田敏雄。池田敏雄時年 22 歲，對於當時就讀小三的黃鳳姿有沒有特別的情愫，此屬夫妻間才知道的事，留給外人想像；

然而池田敏雄可以說是當年最強的麻辣教師，不但指導黃鳳姿從 12 歲開始連出三本著作《七娘媽生》、《七爺八爺》、《台灣の少女》，也藉由採訪黃家耆老的機會，紀錄了不少民俗風物，化為他編輯《民俗臺灣》、《台灣の家庭生活》的材料。最後，還把地表最強文壇美少女娶回日本，當真名利人三收！

回顧這個際遇，還真是從 1938 年池田敏雄努力栽培黃鳳姿作為開端的。但是，說黃鳳姿有幫夫運也不完全正確，畢竟黃鳳姿文名大噪，以及池田敏雄到黃家進行田野調查時，兩人尚未結婚。從《七娘媽生》、《七爺八爺》出版時約是現在學制小學六年級的 12 歲，到 1943 年出版《台灣の少女》時正值 15 歲，內頁相片中穿著中學制服的黃鳳姿，才剛脫童稚之氣，略顯成熟。或許應該說黃鳳姿有「幫師運」比較合乎現實吧。

據說有一年——應當是 1997 年南天書局重刊《民俗臺灣》舉辦座談會的時候，黃鳳姿曾應邀來臺發表演說，但比黃鳳姿年紀還大幾歲的女作家楊千鶴卻跳出來，說黃鳳姿的作品一定是池田敏雄代

01

01 黃鳳姿孩童時期

寫的，哪有小女生那麼厲害，十幾歲就出了三本著作；若黃
鳳姿有真才實學，怎麼嫁給池田敏雄之後，就再也沒有作品問
世？楊氏質疑之砲火異常猛烈，加上黃鳳姿在日本已經住太久
了，臺語竟幾乎不會講，黃氏只有瞠目結舌，不了了之。

　　這樣的流言當然不是空穴來風，畢竟小學生發表的作品，
導師豈有不審閱潤飾的道理；然而黃鳳姿本身就有家學淵源，
她出身的艋舺黃家乃是有名的望族世家──黃鳳姿祖父是清代

02

秀才，父親畢業於京都帝國大學法學院，家族耆老皆熟稔民間故事及習俗。換句話說，這個大宅門除了是書香門第，還可說是臺灣傳統民俗的寶庫，黃鳳姿寫起這些事兒，自然是得心應手。也因此，她在小三時寫冬至習俗的作文〈おだんご〉（湯圓），受到研究臺灣民俗的導師讚賞，兩人遂一拍即合。池田敏雄除了鼓勵黃鳳姿繼續寫作之外，也趁此機緣深入黃家紀錄臺灣的民俗風物，甚至被人戲稱是「艋舺學派之鼻祖」，雙方相輔相成。由此可見，黃鳳姿的作品，應當不會全然出自丈夫（喔不，老師）手筆才是。

至於她嫁了人便不再寫作，我本以為大約是日本婦女多為專職家庭主婦，隱身幕後，用心相夫教子之故。後來讀過黃鳳姿的訪談，才知道另有曲折。

黃鳳姿說，她遷至日本之後，與池田敏雄的第一個孩子不幸夭折，她為此過度傷心。而她搬到日本不久，聽聞臺灣發生二二八事件等諸多慘劇，令她無法釋懷，也讓她不忍回想追憶故鄉，因此封筆，也很少回臺灣。她的代表作，永遠是小時候與恩師合作的那幾本。

平心而論，黃鳳姿若沒有遇到池田敏雄，大概也不會有這麼有名吧。年紀小小就出了三本書，而且還找到立石鐵臣插畫、西川滿作序，《台灣の少女》還得到日本文部省（教育部）推薦，這種殊榮，註定讓她名留青史。至於最初的《七娘媽生》是她小學時代文章的合輯，1940 年初由日孝山房和東都書籍株式會社臺北支店同時出版，並推出《七爺八爺》。這兩

03 《七娘媽生》

黃鳳姿，1940 年，臺北
日孝山房

本書都由西川滿撰序、立石鐵臣裝幀、池田敏雄寫跋，比較特別的是《七娘媽生》的插畫童稚樸拙，當真是小朋友畫的──插畫者陳鳳蘭，是黃鳳姿的同班同學。

黃鳳姿作品的歷史地位，最受矚目的是在臺灣兒童文學的創作，以及民俗風物的採錄，然而還有一樣特點是較少有人注意的，那就是其作品在裝幀插畫上的美感。但諸家所撰的資料，由於對黃鳳姿作品的版本大多掌握不足，因而有所疏遺。以《七娘媽生》來說吧，這邊寫著「臺北日孝山房 1940 年 2 月出版」，那邊的資料是「於 1940 年（昭和 15 年）由東都書籍株式會社臺北支店出版」，都斬釘截鐵講得只有一種似的，但事實上兩邊都只講對了一部分。不，正確答案也不是兩個版本，再猜。

給大家一個提示，有一個腦筋急轉彎式的小謎題是這樣的：在街上看到兩個長得一模一樣的小孩，走過去問是否為雙胞胎，竟然不是。但這兩個小孩明明是同父同母同時生的，怎麼說不是雙胞胎呢？

答案是：這兩個小孩是三胞胎其中兩個。所以不叫做雙胞胎。

同理，《七娘媽生》不是只有東都版，也不是只有日孝山房版，也不是只有東都、日孝山房兩種版本，事實上它同時出了三種版本，只是其中一種版本是特裝限定本，鮮為人知罷了。

我從臺北百城堂舊書店老闆漢章叔口中得知這三種版

04 《七娘媽生》扉頁

05 《七娘媽生》〈天公生〉

插圖是黃鳳姿同學陳鳳蘭所繪

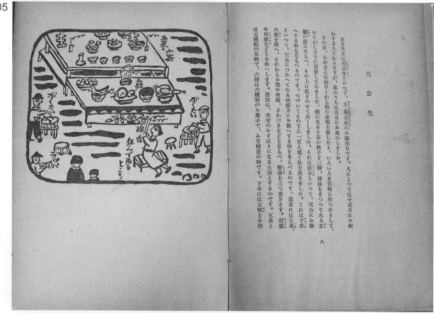

本，他也曾應允我翻閱他珍藏的二種《七娘媽生》，機緣難得，讓我大開眼界。

首先，是較常見的《七娘媽生》東都書籍株式會社臺北支店版。這是三種版本中開數較小的。昭和 15 年（1940 年）2 月 22 日初版發行，定價一圓二十錢。——當時的錢比較大圓，月薪能有十幾圓就算不錯，我所蒐藏約略同時期的尺牘書籍大多一本才四十錢，一圓二十錢不是一般農工家庭捨得花的。

提到「日孝山房」，提到「特裝本」，出場的一定是裝幀界的傳奇人物——「限定私版本の鬼」西川滿。一個國小女生的處女作就能讓西川滿出版，等於像超級瑪利第一次撞磚塊就吃到無敵星星、打線上遊戲開外掛滿血、武俠小說才寫到楔子主角就練成九陽神功，根本是威到犯規的最高待遇。

日孝山房版的《七娘媽生》有兩種，其一是普及版「桃花本」，印五百部。雖是普及版，裝幀也不含糊，封面是土佐仙花木版機械印刷，扉頁是日本傳統的石州半紙，由楮樹樹皮製成，堅韌耐用。內頁則與公學校教科書用紙相同。

日孝山房版第二種《七娘媽生》則是「新娘本」，這一本可了不得，我們看看它的規格：

外袋：萬華燈座版畫武將（實物）
表紙：越前大奉書木版三度手摺
褶師：蔭山久次郎
見返：臺南土俗版畫七娘夫人（實物）

扉：京都丹波黃瀧紙

本文：京都丹波特瀧紙

限定七十五部

「萬華燈座版畫武將」和「臺南土俗版畫七娘夫人」都是臺灣民俗版畫的瑰寶。表紙使用的是日本高品質越前和紙，配合版畫的印刷師稱為摺師，連摺師的名字都列了出來，以示對品質負責。扉頁與本文出現了「京都丹波黃瀧紙」，這是手工紙，也是西川滿限定本特愛用的一款。

好了，講完了，免禮，平身。但這個版本最用心機的部分，還不是以上明列出來的規格。前文有提過，西川滿的限定本中，有一個用心到可以說是陰險的潛規則：若書籍裝幀上有門神版畫者，必然可兩本成對。所以《七娘媽生》的關鍵是外袋成對的門神——「萬華燈座版畫武將」，要有兩本《七娘媽生》新娘本，且紙袋門神能一左一右相對，才算蒐集完備。因此，請你再重看上一段規格的最後一行：「限定七十五部」，一部就是一本，所以新娘本僅發行 75 本。也就是說，註定有一本是湊不到另一個門神的！

但問題是，紙袋裡面的書倒是一模一樣的，也就是說，藏書家要甘願花一筆錢買重複的書，才能入手另一個紙袋，還不能以「買櫝還珠」之議，說書幫我抽出來改放一塊保麗龍板，我要單買這一版的紙袋就好。

所以，西川滿為什麼成為「限定私版本の鬼」？為什麼叫

他「華麗教主」？日本詩人堀口大學為何讚譽「美麗的書來自臺北」？人客啊，來看看他做的書就知道啦！一本書從製版、印刷、造紙，都用最好的品質，自家出版的書還分「普及版」與「特裝版」，特裝版裡還有潛規則要你一次收藏兩本（而且還印奇數本設陷阱，我都快罵髒話了），甚至有些特裝版還有特裝中的特裝——家藏本。這實在太可怕了，如果蒐藏舊書是一場線上遊戲，那西川滿設下的遊戲關卡真的太縝密了，當你以為過了一關，想不到真正的魔王還在後頭，還有 bug 讓你卡關，而且沒有破關的一天。

可見《七娘媽生》新娘本極為難得，門神能湊成對者更難得，門神成對且紙袋經 70 年仍無破損者，已經不是難得，而叫奇蹟。承蒙老闆借書予我翻閱，取書時不禁暗冒冷汗，戰戰兢兢翻了一下，聞聞氣味便塞回紙袋（我好怕塞進去的過程書角把紙袋戳破），竟然不敢多拍幾張照。

看過黃鳳姿的出道作《七娘媽生》極盡表現了裝幀之美與限定之嚴後，我們再看看她之後的作品。

《七娘媽生》的姊妹作《七爺八爺》，收錄了黃鳳姿 17 篇散文及日本畢業旅行期間所寫的 6 篇書信。散文皆與臺灣史地、風俗、故事有關，如〈拜床母〉、〈龍山寺〉、〈號名〉、〈淡北八景〉、〈週歲〉、〈中秋月餅〉、〈蛇郎君〉等，小小年紀能夠寫出本土的傳統特色，著實不易，而且內容不失童趣，如〈號名〉一文中整理臺灣人命名、取外號的規則，她寫到因為自己膚色很黑，所以被叫「黑肉龜」（有夠難聽），

妹妹則因愛哭被喚作「哭鳥」等，完全是小孩子才有的天真坦承，若是成年的文藝少女來寫，定不會這樣自曝其短也。

《七爺八爺》之後，黃鳳姿的壓軸之作《台灣の少女》更不得了。本作在臺灣之外，也曾於日本的東京東都書籍株式會社出版過。日本版是精裝的，插圖與相片和臺灣版也不一樣。

《台灣の少女》內容是《七娘媽生》、《七爺八爺》二書的精選，加上書信和新作 17 篇，是黃鳳姿作品的集大成，也是最後一本作品。這裡收錄的書信挺有意思，是黃鳳姿與日本少女豐田正子魚雁往返的內容。豐田正子大黃鳳姿 6 歲，成名得也早，是當時日本文壇視為天才的文學新星；黃鳳姿與她通信交友，頗有互相提攜的意味，而黃鳳姿確實也被日本文學家菊池寬譽為「臺灣的豐田正子」。

06　　　　07

所以，黃鳳姿雖只寫了三本書，但這三本書先後有池田敏雄、西川滿、立石鐵臣、佐藤春夫等名家加持，在不同地方一共出了約八、九種版本，還受到日本文部省推薦（當然也有宣傳皇民化國語運動成功的企圖在），這麼多殊榮加在十來歲的少女身上，換作是我，我也封筆不必寫了。

而她的作品價值，可以從三方面來說：在裝幀版本上，有立石鐵臣和西川滿為她量身訂做，成為藏書家競購的珍本；在兒童文學上，她是日治時期臺人兒童文學作品出版的第一人；在田野調查上，有黃鳳姿在臺人家庭和日籍學者之間交流引介，池田敏雄、金關丈夫、松山虔三等人才能深入黃家大宅，詳細紀錄各種民俗用品，一方面介紹給日本讀者，一方面也為現代的我們留下了珍貴的歷史紀錄，沉澱為臺灣文學界的瑰寶。

08

06 《七爺八爺》

黃鳳姿，1940 年，臺北日孝山房

07 《七爺八爺》〈號名〉

我小學時也寫過一篇〈綽號研究〉，論述幫人取綽號的規則，卻只能在鄉下的小學校刊發表。平平十二歲，嗚呼！

08 《台灣の少女》

黃鳳姿，1943 年，東京東都書籍株式會社

只不過，黃鳳姿與池田敏雄、西川滿、立石鐵臣等人也並非一直如此合作無間。我從過去就覺得奇怪：立石鐵臣在戰前幾乎可說是西川滿的「御用畫家」，就跟宮崎駿的作品一定要搭配久石讓的配樂才叫經典一樣；但為什麼西川滿戰後在日本造書無數，卻似乎不曾見過立石鐵臣跨刀演出？難道兩人鬧翻了？為此，我不斷找尋資料，也尋求可能知道內情的耆老詢問。

　　2016 年春天，紀錄片《灣生畫家：立石鐵臣》上映，首映會導演請來了立石鐵臣的兩個兒子出席。在會後座談中，我終於把這個疑惑提出來。立石鐵臣的長子立石光夫先生回答：「因為大家回日本之後都窮，所以很少往來。」然而立石光夫先生又提過立石鐵臣曾經與畫家朋友一起到韓國取材作畫之事，我不禁懷疑「沒錢找老朋友卻有錢出國畫畫」的合理性，對立石光夫先生的回應便因此打了個折扣。

　　隔年春天，位於三峽的李梅樹紀念館舉辦「立石鐵臣特展」，向我借展了四十餘種立石鐵臣設計的印刷品，而立石光夫先生也遠從日本親送立石鐵臣的作品來展覽。在佈展的時候，我趁機又問了立石光夫先生一次。立石光夫先生應該不記得我在一年前問過他這問題吧，而這次他的回答竟然又更接近核心：「立石鐵臣回日本之後，想用日本流行的超現實技法，與日本畫壇硬碰硬一決勝負，所以畫風丕變，不再適合為西川滿先生畫那種臺灣民俗風味的版畫了。」

　　這段話比「沒錢往來」合理多了。然而我還是很想知道我心

中的某個假設是否正確。兩天後，立石光夫先生在李梅樹紀念館有一場演講，提問時間居然有一個女生又問了這個問題：「立石鐵臣和西川滿戰後為什麼不再合作了呢？」

本來以為又會得到相當「官方」的回應，想不到立石光夫先生像是擠牙膏一般，每問一次，就會多說出一點東西！除了畫風丕變之外，立石光夫又補充：「其實兩個人個性不合。」

來了！我們要聽的就是這種八卦啊！我早就聽聞立石鐵臣脾氣不好，連西川滿都敢兇，所以西川滿每次要催稿，就派當時跟在西川滿身邊工作的少年葉石濤去立石鐵臣家討，讓葉石濤代替自己挨罵。所以，兩人到底怎麼不合的呢？

「家父認為版畫越純粹越好，所以總用黑白兩色，但西川滿先生老喜歡在他的版畫上手工填色……」

哈哈哈哈哈哈！天哪原來是這樣！藏家引以為傲的西川滿限定手工上彩本，原來是立石鐵臣心中永遠的痛啊！

然而立石光夫講到這裡，話鋒一轉又說：「兩人不再合作其實還有原因，但我不想說——或許我到死都不會說。」此言一出，滿堂嘩然。立石先生你這樣吊大家胃口對嗎！你這樣還不如完全不說啊！

我決定直接向立石光夫先生提出我的猜想。會後，我私下向他提問：「我有一個猜測不知對不對——立石鐵臣先生之所以不再與西川滿合作，主要是因為立石鐵臣在日治最後幾年加入了池田敏雄為首的《民俗臺灣》陣營，所以與池田敏雄他們一樣，認為西川滿只是貴族式的欣賞臺灣，並不是像他們真正

融合在臺灣民間裡。所以兩方在這時便漸行漸遠，至戰後終於不再合作。」

立石光夫先生沉吟了一會說：「你說的有一半對，也有一半不對。應當說，《民俗臺灣》陣營認為自己才是真正愛臺灣的民俗研究學者，西川滿則只是個有錢公子哥。」雖然比喻不同，但我覺得他的意思與我相同。

其實我這個猜想，已經間接在西川滿口中證實過了，我只是想從立石家族這邊確認而已。在與立石光夫私下談話的數月前，我在臺南的葉石濤文學紀念館遇到張良澤先生，他是西川滿晚年最親近的臺灣朋友之一。我把這個猜想說給張先生聽，他非常興奮激動，說這是第一次有人問他這麼尖銳卻又中肯的問題；他說我的猜想是正確的，而他是在晚年的西川滿口中得知兩方的矛盾的。

確定了這個答案，真教我哭笑不得。其實兩邊都是我尊敬的臺灣民俗愛好者，我並不那麼在意誰比誰愛臺灣、或者誰是真愛誰是假愛等問題。也罷，昔人的紛爭早已遠逝，我珍惜他們為臺灣的民俗文物與紙上藝術所留下的珍貴資產。

西川滿與立石鐵臣到戰後雖未再合作，但兩人有一個決定卻是相同的──他們直至老死，都不曾再踏足視為故鄉的臺灣，而不再回到臺灣的理由竟也驚人地相似：西川滿身為皇民文學大將，戰後深切反省，認為臺灣有很多人會因此唾棄他；立石鐵臣則在韓國旅行期間，足不出戶，因為想起日本曾經殖民韓國，他身為日本國民，無法不慚愧地走在韓國街道。我想他不回臺灣或

許也是相同的道理。

　　黃鳳姿、立石鐵臣、西川滿，他們有相似的愛好，卻因理念不合停止合作，戰後又不約而同忍住思念，不再回到夢想的土地。我剛開始收藏他們的作品時，未曾想到會那麼貼近觀察他們的人生。但知道他們的故事之後，每次翻開《七娘媽生》、《七爺八爺》、《台灣の少女》，看到的不僅是珍美的裝幀插畫，更是朋友間的悲歡離合，以及對時局的無奈喟嘆。

美麗的書
為何來自臺北？

當時有這樣一群
並不輕視臺灣傳統文化的作家與畫家，
融合了日本、西洋與臺灣的元素，
才能建立起臺灣的裝幀盛世。

　　藏書界若提起西川滿，常會引用一句美譽：「『美麗的書來自臺北』，這句名言是越來越不可動搖了。」

　　這是日本文人堀口大學在收到西川滿製作的《採蓮花歌》一書後，回信裡提起的話。後人引用時，經常指為「堀口大學說『美麗的書來自臺北』」，其實有誤；若細看堀口原句，言下之意，「美麗的書來自臺北」誠非出自他口，乃是日本出版界已有之定論也。

　　《採蓮花歌》出版於 1941 年，正是日本統治臺灣的最後幾年。這個時局的臺灣，因日本引發的戰事，在文化、思想、政治、經濟上，籠罩著鬱結滯悶的陰霾。然而也是在這個時候，在幾個「灣生」的努力之下，臺灣的書籍裝幀達到了前所未有的華美高峰。

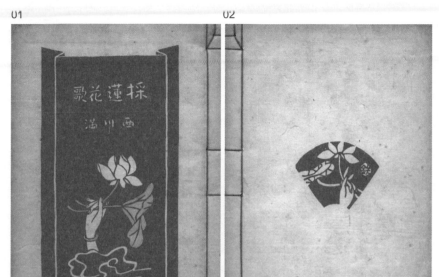

01《採蓮花歌》

西川滿，1941 年，臺北日孝山房

02《採蓮花歌》封底

03《採蓮花歌》紙袋

04《採蓮花歌》內頁

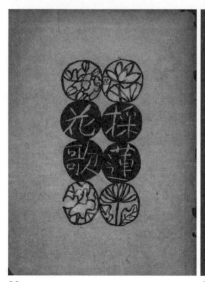

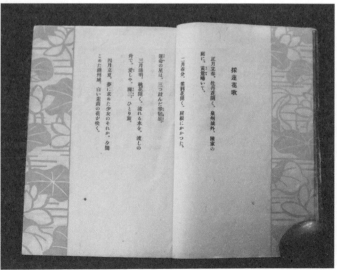

西川滿雖在日本出生，不過年方 3 歲，便已隨著父母來臺，廣義來講也算在臺成長的「灣生」日人。此後他在臺灣長大，除了曾返日就讀大學 6 年，直至戰爭結束遣返東瀛前，他都不曾離開臺灣。就這一點而言，他甚至比許多長期在日本留學工作的臺灣人留臺時間更久。因此，雖有不少人認為西川滿抱著「地方主義文學」的理論書寫臺灣，有一種以「外人」或「他者」角度，隔著一層膜觀察臺灣事物的隔閡，並非真心深入融合；然而，追蹤日治時期西川滿在臺的足跡，從他幼年開始有記憶時就住在臺灣，操著臺語與臺人小孩在大稻埕度過童年，直至 1945 年 38 歲離臺。這樣的背景讓我們很難咬定他將自己當成「外人」或「他者」，所以也有人認為，反而是臺灣成功將西川滿「同化」了。

　　而在西川滿以及其同輩的創作者眼中，代表臺灣的書應該

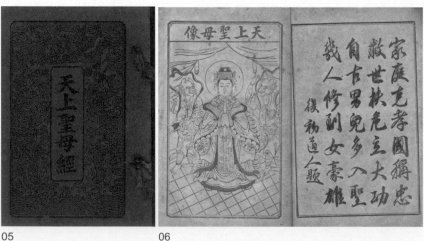

05.06《天上聖母經》

李開章編印，1921 年

05　　　　　　　　06

　　藏書之家

長什麼樣子呢？

　　在清朝，臺灣當時缺乏版料及版匠，因此在臺發行的書籍，仍有不少是在大陸刻版印製，或是從內地召募刻工來臺刊刻。民間出版事業較著名者為臺南「臺郡松雲軒」，以刻印善書、童蒙教材、宗教紙品為主，亦承印騷人墨客的詩文別集。基本上，整個清代的刊刻裝幀，走的是中國傳統的老路子，直到 1885 年巴克禮傳教士啟用西式印刷機，創辦報紙，臺灣的印刷史才翻到新頁。

　　日治初期，百廢待興、島氛未靖，私人出版業未有太大發展空間。至日治中期，賣書與印書的書局不斷增加，日人從家鄉帶來的「和製本」美學，也逐漸在臺灣發酵。吾家收藏 1921 年由臺人李開章編印的《天上聖母經》，雖是漢人傳統鸞書，卻向和式製本靠攏，並非傳統漢式線裝。於是在臺灣島上，同時出現漢式、西式、和式三種裝幀風格，再加上日本人對原住民圖騰與熱帶生態特別感興趣，因此在臺灣混搭出最早的裝幀風景。例如日籍畫家石川欽一郎，便大量將臺灣風光化為書籍封面，堪稱臺灣近代裝幀插畫的啟蒙者。

　　西川滿學成歸臺之後，擔任《愛書》雜誌編輯兼發行人，此後畢生投入「愛書」、「製書」志業，亦花了極大的心力投注在版畫藝術上。而他在臺灣的宗教藝術裡，找到了無窮無盡的創作寶庫。從他返臺後第一本公開發行的詩集《媽祖祭》，就可以看出滿滿的民俗宗教風味——封面是門神版畫，扉頁以厚重字體填滿全頁，筆劃粗細分明。與其說西川滿想藉這一頁

文字介紹媽祖生平事蹟，不如說西川滿是將「字型」當成「圖騰」，將文字的印刷表現視為版畫作品，呈現裝幀美感。在這一頁復裝訂一張「掛箋」，也就是昔日漢人貼在住屋門楣上的剪紙。此外，西川滿又依本書版本分成紅色與銀色掛箋，使這一頁的色彩配置不致呆板。

不知道我是否聯想力太豐富，當我看著這張填滿方格字塊的扉頁時，我心中浮現的是另一部神作──《新世紀福音戰士》（EVA）。這部動畫最讓人津津樂道的幾幕，便是黑底的螢幕上，填塞滿滿粗細分明的白亮字體「使徒襲來」、「西曆2015年」，還有主角內心的呼喊「逃げちゃ駄目だ」（不能逃不能逃不能逃）。這種字體在日本甚至因此有個「EVA明朝體」的外

07

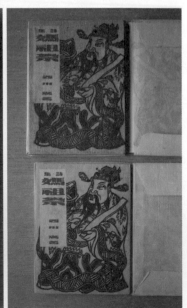

08

號。這種將全螢幕填滿粗明體字型的「構圖」方式，原來早在80年前西川滿就玩過了。

但《媽祖祭》最絕的，是隨書附贈一張金紙！我曾在收藏家處見過一封西川滿寫給友人的信，信中提及他的詩集想附一張臺灣民俗的宗教用紙，所以隨信寄贈一張給朋友鑑賞——是的，這封信裡，還夾了一張金紙。這種行徑在臺灣人來說，是極度冒犯的事情，然而在西川滿眼裡，一般書籍的原料是製紙工廠的紙漿，還不如用竹子製成的金紙來得有「臺灣味」，更何況臺灣堪稱是竹製品王國！在西川滿那年代，走在大稻埕街，寓目所及，椅子、床、搖籃、簍子……日常用品無一不可竹製，這本《媽祖祭》，焉能不加入一點竹元素？《媽祖祭》

09

10

07《媽祖祭》

西川滿，1935年，臺北媽祖書房

08《媽祖祭》封面

兩種版本顏色不同

09《媽祖祭》內頁

介紹媽祖生平事蹟

10《媽祖祭》掛箋

分成銀色及紅色二款

出版後三年，西川滿又製作一本《傘仙人》，這次的書頁用紙，全是西川滿親自打碎竹子所製。而常與西川滿合作的畫家立石鐵臣，也經常將臺灣民間竹製品入畫，想必也是看中竹子代表的「臺灣意象」。

西川滿能更純粹地用「美」的眼光，去看待漢人的宗教用品。跳脫對事物的刻板印象，純粹欣賞其工藝設計，反得其真、其善、其美，《媽祖祭》裡的金紙如是。現今日本百貨公司櫥窗，擺出臺灣喪事常用的「紙蓮花」與時裝假人一起展示，亦如是。2016 年 6 月，「巴黎工藝設計師週」邀請臺灣「新興糊紙店」紙紮作品進入博物館參展，亦復如是。

《媽祖祭》是西川滿正式踏入文壇的第一本書，選擇以臺灣宗教為裝幀發想，實非偶然。日本學者增田福太郎來臺調查民間信仰與臺灣佛、道教，便讚譽臺灣為「宗教的寶庫」，後來也將調查成果結集成《臺灣の宗教》一書。彼時民眾的日常生活不離信仰與禁忌，所以將最好的藝術美學成就奉獻給宗教，理所當然。

西川滿除了從臺灣宗教汲取營養之外，也將日式裝幀與版畫介紹到臺灣。他為慶祝長子誕生而作的《貓寺》，邀請版畫家宮田彌太郎合作，封面是一隻白貓彈奏三弦琴，身旁一抹鬼火飄過，既可愛又恐怖，放至今日與《妖怪手錶》動畫並置，絲毫不感過時。

至於西川滿畢生「美本」之最高峰，咸認為是《繪本桃太郎》，以日本民間故事「桃太郎」為題材，一樣是宮田氏負責

作畫；其中有版本稱「三國一」，限量十本，由十張版畫構成，西川滿逐頁以礦彩顏料上色，珍稀罕見，華美奇絕。

立石鐵臣後來加入《民俗臺灣》雜誌，負責該雜誌甚多插圖及封面設計，在這段期間，立石鐵臣的驚人才華毫無保留地揮灑，創作出大量富含臺灣風土的圖騰。這種創作發想，恐怕可以上溯至《愛書》雜誌文章的啟發。當時有文章提到藏書票的製作，該論者認為藏書票與其一味模仿歐洲風格，不如從日本家紋或個人生肖動物入手，更來得有意義。或許是日本家紋那種化繁為簡，不求寫實但求象徵的簡約圖騰，啟發了立石鐵

12《民俗臺灣》

1941 年創刊，共
發行 44 號，圖為
1942 年第 7 號至
第 18 號

臣的版畫創作，我們才能在《民俗臺灣》雜誌裡，欣賞到立石鐵臣筆下許多寥寥幾筆卻神韻流動的臺灣風情畫。

　　日前，臺灣紙紮人進軍法國之後，又有一件臺灣文化輸出到國外的震撼彈，那就是霹靂布袋戲與日本劇作家虛淵玄合作，在日本上映布袋戲電視劇《東離劍遊記》，吸引不少日本觀眾。這消息讓原本認為布袋戲很低俗的人都跌破了眼鏡，但我們如果翻開《民俗臺灣》第 14 號的卷頭語，原來早在七十幾年前，日本人就認為臺灣的布袋戲比日本偶戲「文樂」有更多精巧之處，音樂也相當優越。

　　美麗的書為何來自臺北？我想，就是當時有這樣一群並不輕視臺灣傳統文化的作家與畫家，融合了日本、西洋與臺灣的元素，才能建立起臺灣的裝幀盛世。前人留下的成果與創意，值得我們今日細細品味與反省。

12

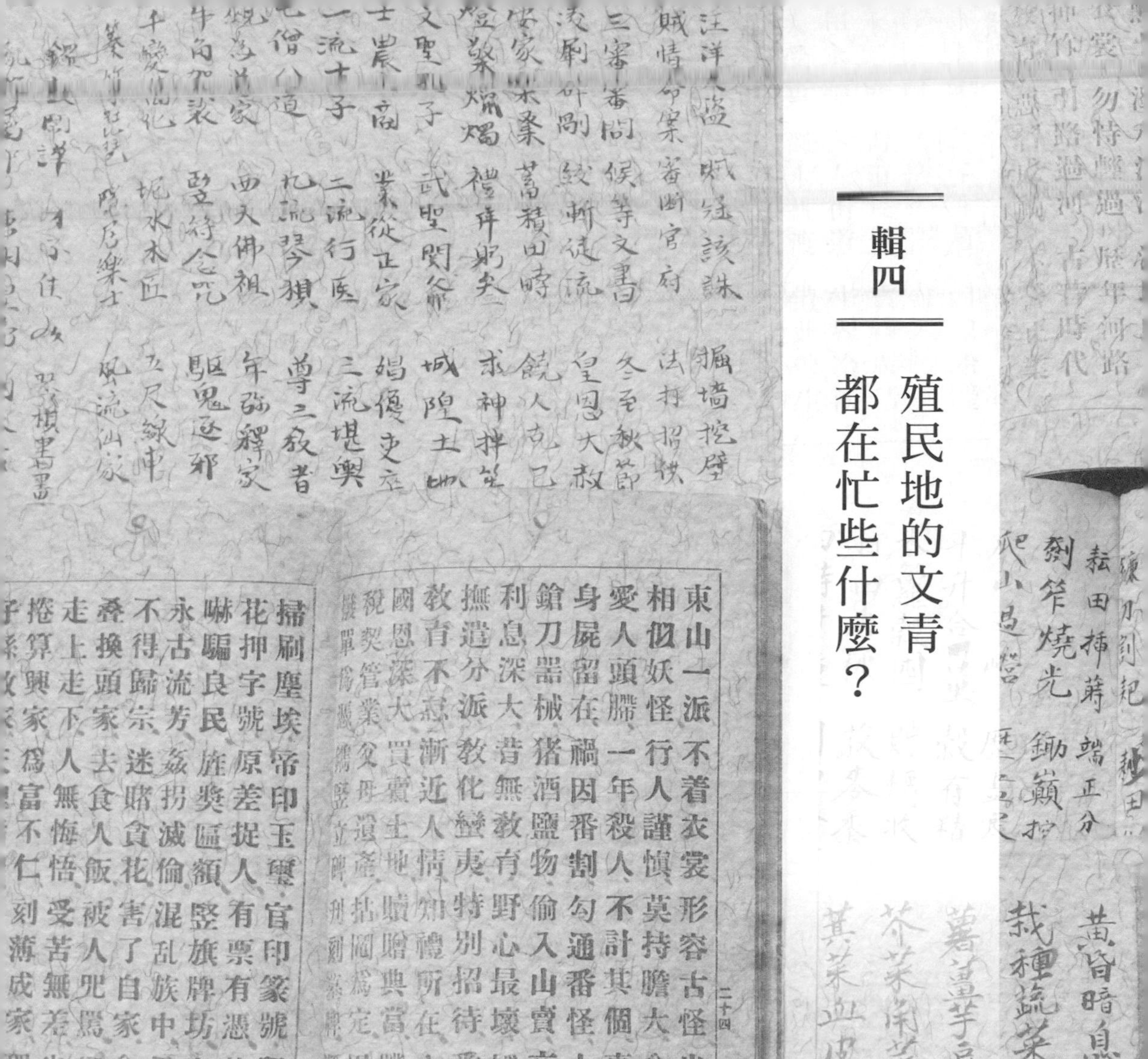

輯四

殖民地的文青都在忙些什麼？

自己的日本自己抗：
抗日史料的故事

在日治時代的高壓統治下，
有時還要適時用「親日」掩護「抗日」；
必要「抗日」時，
還得用迂迴婉轉晦澀象徵的方式，
以免惹禍上身。

　　數年前，臺北紀州庵辦了一場「古書鑑定團」活動，由藏書家傅月庵先生與舊香居舊書店主人吳卡密小姐主持，邀請民眾將家裡的舊書拿來「鑑定」。結果到場者分明都是藏書家，每個人都拿出珍本來「明知故問」一下，事實上就是愛書人的分享大會。在那一場我帶了幾本《風俗畫報》過去，傅月庵先生見書大喜，因為遠流出版社曾經出版過一本《攻臺見聞：風俗畫報·臺灣征討圖繪》，便是這套畫報第九八、百一、百三、百五、百九號《風俗畫報·臺灣征討圖繪》五本的中譯本，而當時他正是遠流出版社的編輯，翻閱過從日本來的原書，今番又在紀州庵重見，讚不絕口，直說這一套比當年在遠流看到的品相更好。有傅月庵先生美言，會後眾人圍聚過來，爭相一睹此書風采。有人問我：「這真是你家裡傳下來的書

嗎？」我聞之不禁失笑。

　　國立臺灣文學館曾舉辦一場「從甲午戰爭到乙未割臺文學特展」，其中，利用這套《風俗畫報》設計的「拉洋片」，無疑是最引人注目的展示區。然而，家父與我雖然提供了數十件割臺／抗日文獻展出，但是裡面我家祖傳的，倒是一件也沒有。我祖父生於 1906 年，生平唯一一件跟抗日牽得上關係的事，可能是年輕時騎著腳踏車到鄰庄聽蔡培火演講過。這些文獻，既然不是祖傳，自然毫無例外的──都是在舊書店入手。

　　這套《風俗畫報》是我在臺北百城堂舊書店購得。當時在老闆桌上看見這一疊舊書，包括《臺灣征討圖繪》五本、《臺灣土匪掃攘圖繪》兩本、《臺灣番俗圖繪》兩本。吾雖識淺，也知道碰上不得了的東西，心裡讚嘆這等只合放在博物館櫥窗的古物，竟然有朝一日得能親手翻閱。料想價值非凡，但多少知道行情以增見聞也好，便向主人詢價；價錢竟不如想像中高昂，欣喜如貧童得嘗八寶飯，當天遂將之帶回。

　　《風俗畫報》是日本東陽堂於明治 22 年（1889 年）2 月 10 號發行，延續至大正 5 年（1916 年）終刊的畫報；而這份遠在日本東京神田區發行的畫報，竟成為最早紀錄日軍來臺過程的史料，原因是這畫報每期有不同專題，其中有些專題是和臺灣相關的。許多論者以為其中發行於明治 28 年（1895 年）8 月 30 日的第九十八號，是最早繪有臺灣風土民情的畫報，然而嚴格來講並不是。最早的應該是同年 5 月 25 日發行的第九十二號，該期是《征清圖繪》，但有部分內容紀錄了日軍攻

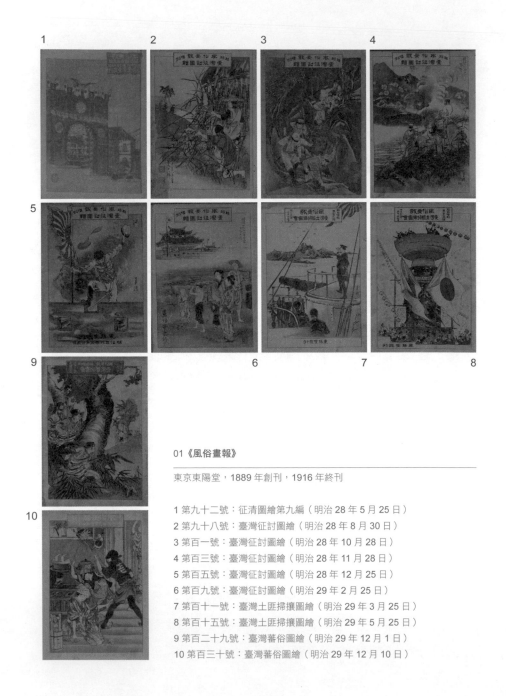

01 《風俗畫報》

東京東陽堂，1889 年創刊，1916 年終刊

1 第九十二號：征清圖繪第九編（明治 28 年 5 月 25 日）
2 第九十八號：臺灣征討圖繪（明治 28 年 8 月 30 日）
3 第百一號：臺灣征討圖繪（明治 28 年 10 月 28 日）
4 第百三號：臺灣征討圖繪（明治 28 年 11 月 28 日）
5 第百五號：臺灣征討圖繪（明治 28 年 12 月 25 日）
6 第百九號：臺灣征討圖繪（明治 29 年 2 月 25 日）
7 第百十一號：臺灣土匪掃攘圖繪（明治 29 年 3 月 25 日）
8 第百十五號：臺灣土匪掃攘圖繪（明治 29 年 5 月 25 日）
9 第百二十九號：臺灣蕃俗圖繪（明治 29 年 12 月 1 日）
10 第百三十號：臺灣蕃俗圖繪（明治 29 年 12 月 10 日）

打澎湖群島的經過，這本才是廣義而言最早繪有臺灣（臺澎地區）風土民情的畫報。這本第九十二號的《風俗畫報‧征清圖繪》，後來也多虧百城堂主人林漢章先生替我覓得。

1895 年日軍來臺，記者及畫家也即時隨著軍隊南征北討，紀錄在臺見聞。由於當時攝影技術未臻成熟，戰地記者無法在兩軍打得正慘烈時，叫大家定格擺個 pose 攝影；因此日軍攻臺第一手的戰場影像，就只好借助畫家的手眼來留真。畫報圖片皆以寫實性的寫生及版畫呈現。

《風俗畫報‧臺灣征討圖繪》主要分幾個項目，封面翻開就看得到「口繪」，以現代雜誌的概念來說，也就是「隨書附贈開卷折頁全彩大海報」。再來是「論說」，由編輯人野口勝一等撰寫當前戰況或未來展望。接著「記事」的部分是主體，描述各地之戰爭狀況以及臺灣概況。最後的「雜錄」或「漫錄」則以文字和圖繪紀錄臺灣的風土民情。一方面以戰爭的描述讓日人得知最新戰況及戰功；另一方面則以臺灣的市街圖、民間習俗等讓讀者認識這塊新疆土。

由於畫報中的報導是由隨軍記者寫的，因此保存了日治第一年親身經歷者的見聞。這種圖文並茂的畫報，比起一般只有文字說明的報導來得生動、有感染力，受到了大眾的歡迎，而且繪畫更能呈現相片無法表達的內心層面。除了記者親身的戰地見聞之外，畫報中也收錄了各種公私信函、公報、檄文以及臺灣民間的風情等，內容相當豐富，可補正史之不足。

當然，這系列畫報是以征服者的立場來書寫，內容不免或

有渲染之處；然而作為日治初期的歷史、美術文獻，雖然畫報的敘述是主觀的，但重要性絲毫不減。

其實在日軍正式登臺之前，日本早已對臺灣展現高度的企圖心。在牡丹社事件時，日本突破了清廷對臺灣原住民疏於關注的漏洞，成功地佔領部分臺灣土地，甚至築起了房舍。這是日本自明治維新之後第一次對外用兵，而且取得了大勝利；這等大事，自然值得大書特書，在 1875 年日本出版的山口謙《近世史略》與田代幹夫《臺灣軍記》皆有詳細的紀錄。不過

02.03《臺灣征討圖繪》內頁口繪

02

《臺灣軍記》中附錄的臺灣地圖，橫看豎看都不太像今天的臺灣，並非這一百多年來臺灣島地形起了翻天覆地變化，而是當時對臺灣地形探勘不夠全面。就算是 1895 那一年的《國民新聞附錄二：臺灣地圖》，臺灣東部看起來還是有些變形的。不過，從牡丹社事件結束後的 1875 年到乙未割臺的 1895 年，這二十載中日本人肯定持續隔海密切注意臺灣，期待哪天大清國一個手滑把臺灣給掉在路上了馬上撿回去養。尚未簽訂《馬關條約》時，日軍已經先行佔領澎湖，到 1895 年 5 月，軍隊通

03

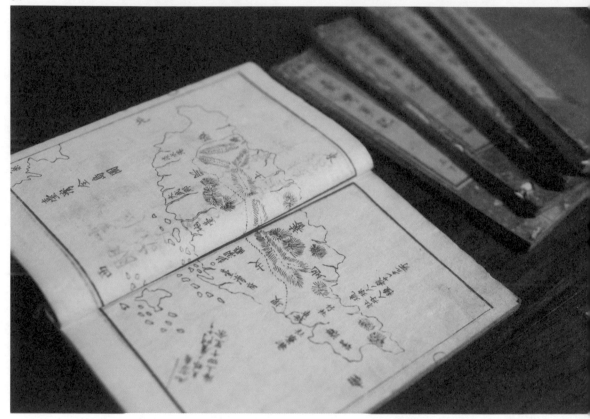

04《臺灣軍記》

田代幹夫，1874 年，河內屋文助

譯官岩永六一便在澎湖將《臺灣地誌及言語集》完稿，雖然倉促之間，編輯未臻完美，但仍足見日本的企圖心，展現出速度的力量。

若說從《臺灣軍記》到《風俗畫報‧臺灣征討圖繪》是以征服者之眼來看臺灣，那我們換個角度，看看臺灣人是怎麼看待 1895 年前後的臺灣。

鹿港文人洪棄生是抗日陣營中，極有代表性的人物。在乙未抗日失敗後，他閉門讀書，採取不合作態度，不講日語、不服日職、不穿日服，最有意思的是：不薙辮髮。1906 年日本總督下令強制「斷辮髮」，日本警察要洪棄生剪下「清國奴」的辮子，他硬是不從，整天與日警玩躲貓貓，閃躲「髮禁」；直到大約 1915 年，日警強將他辮子剪下才算了局（那時候清朝在中國也早完蛋了，在臺灣居然還有他這一號人物留辮子「遙懷」前朝），辮子被喀嚓倒有一個好處，就是他不必再與警察你追我跑了，他索性披頭散髮以「嬉皮士」造型過日，也不將頭髮理成符合「文明規範」的男子短髮。這樣性格的男人，其筆下之力道是可以想見的。

他寫下大量詩文，以詩文抗日，紀錄日軍侵臺暴行。他的詩集《寄鶴齋詩矕》我是在板橋的一家舊書店購得，價格極廉，就在書櫃上和一排 1980、1990 年的純文學書籍同列，然而其詩句的控訴之沉重，我懷疑舊書店的夾板書櫃是否能夠支撐。他的《臺灣戰紀》寫成於 1906 年，由於無法在臺印行，直到 1922 年才在北京出版；由於是自身的直接經驗與事後追

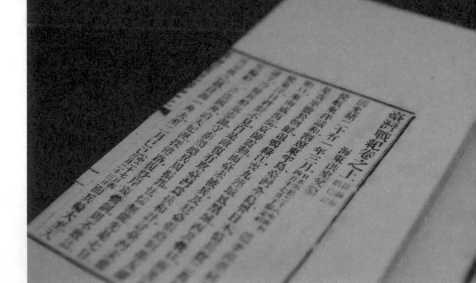

05《寄鶴齋詩矕》

洪棄生，1917年，
南投活版社

06《臺灣戰紀》

洪棄生，1922年，
北京初版；此疑為
複印本

述的直接史料，一向被視為研究臺灣抗日史的重要文獻。我所收藏的《臺灣戰紀》有可能是中國「杭州古舊書店」於1980年印行的「複製本」，但與國家圖書館及臺師大國文系收藏的《臺灣戰紀》杭州古舊書店版相比，又有些微不同。有可能是杭州古舊書店不只印行一個版本，或者另有原因，我仍無法斷定自己收藏的《臺灣戰紀》究竟是何來歷。

除了詩文之外，洪棄生在1897年完稿童蒙教材《時勢三字編》（後曾收錄於郭立誠編的《小兒語》中），以三字經的體裁教育學子認識中國史地，再擴及到世界地理，偏偏避談已經成為日本國土的臺灣，這算是他的「精神抗日」。

且看洪棄生畢生排斥日本教育、日本制度、日本引進之新器物，其氣節凜然，連日本人都要為他在大門告示曰「士人住宅，不得驚擾」（不過後來他還是被日本人抓去關，那又是另一個故事了）；然而從洪棄生最後仍和其子炎秋感情失和，從洪炎秋偷偷閱讀新學之書、偷學日語，還盜領洪棄生的存款逃到日本念書來看，介於新舊政權替換的關口，年輕文人與老文人的面對態度截然不同。

同一時代的新青年，他們有自己的抗日主張。這個新青年叫做王石鵬。王石鵬有一個夙願，就是整理爬梳明代至日治的臺灣相關典籍，整理出一本集大成的「臺灣學」，加上他相信地理知識能夠開化文明；於是就讀臺北師範學校，本著教育初衷的王石鵬終於在1900年將《臺灣三字經》完稿，是時他僅有二十四歲。王石鵬雖然歷經過亡國之痛，也曾萌生消極出

世的心態，但他畢竟有年輕人積極務實的一面，立即投身教育之中，為這塊土地編寫教材，強調臺灣史地，《臺灣三字經》成為臺灣傳統童蒙教材中，第一本完全以臺灣為書寫對象的蒙書。

耐人尋味的地方在於，王石鵬這個人，似乎集「抗日」與「親日」於一身。就這本《臺灣三字經》來說，民俗學者郭立誠認為創作動機是「告誡後人不要忘本，不要認賊作父，不要忘記割臺之痛」；且王石鵬生平也與幾位抗日意識強烈的文人王友竹等交好。然而《臺灣三字經》書前附錄臺灣總督府編修官文學士小川尚義題字「如此江山」，復請日本漢學家籾山衣洲校閱，請來官方、學界日人加持，還能說《臺灣三字經》是抗日作品嗎？仔細觀察《臺灣三字經》內文，遍尋不著任何有抗日情緒的詞彙，不過也沒鼓勵讀者親日；倒是在本書自序中，王石鵬用簡單幾句話交代從清朝過渡到日治，曰：「迨乙未之際，白馬盟成，又遭紅羊劫換。」些許透露出他的感觸。「白馬盟成」引用漢高祖劉邦殺白馬定盟約的典故，比喻清朝與日本所訂立的《馬關條約》。然而接著的卻是「紅羊劫換」，「紅羊劫」是一種歷史讖緯之說，原指值逢丙午、丁未年，國家會遭遇巨大的動亂及災禍，後來泛指國難。日軍來臺，王氏以「紅羊劫換」喻之國難，此「國」自然是大清國或臺灣民主國。在日人無孔不入的言論監管下，王石鵬僅能以這句成語，暗示他的遺民身分。

另一個身兼「抗日」與「親日」爭議的人物是連雅堂。在

早期的國小社會課本中，連雅堂是以抗日英雄的形象出現在課文中。他撰作《臺灣通史》，為的是要臺灣人勿忘自己的歷史，這個動機相信毋庸置疑。然而在 1920 年出版之時，《臺灣通史》找來了時任日本總督田健治郎題字「名山絕業」，再一翻還有前總督明石元二郎題的「溫故知新」；我們很難相信前後任總督會為「抗日意識」的《臺灣通史》背書，所以到了戰後出版的《臺灣通史》，這兩位總督的題字被撕了下來，換成徐炳昶教授的序，表彰連雅堂的民族氣節，讓這本書看起來更「抗日」。

不談這麼悲壯嚴肅的話題了，來看小說吧。1897 年，一本奇書《說倭傳》（後改名《中東大戰演義》）在中國出版了，這是由晚清作家洪興全所撰，一本共 33 回的章回體演義小說，以甲午戰爭到乙未割臺為背景，創作出一幕又一幕臺民奮起抵抗的故事。故事後半，由黑旗軍首領劉永福獨挑大樑，率領臺民英勇抗日，連他女兒劉大小姐也是巾幗英雄。黑旗軍神威到處，日軍無不喪膽，有詩為證：「黑旗兵士素威揚，殺敵堪誇膂力剛；笑煞倭人真膽怯，至今猶怕到臺疆。」雖然這段紀錄看起來像是發生在平行世界，不過，小說嘛，這樣寫才有人看。而這本《中東大戰演義》也成為除了「征服者」、「被殖民者」之外，從「第三者」筆下想像建構出來的「抗日史」。我奉勸臺灣的抗日先賢，不要感傷；隔著海峽，還有同志遙遙聲援著。

洪棄生、王石鵬、連雅堂，從 1895 年之後，不論願不願

意，不折不扣都是「日本人」。他們的個性、學識、生長環
境不盡相同，表現出來「抗日」的強度、方法，或許也無法
歸納在同一個光譜上，有時候對於新學科、新文明、新建設，
他們甚至還有些「親日」。在臺灣人的精神而言，「擇日不
如撞日」（選擇日本，不如衝撞日本）；但葉榮鐘詩說得好：

07

「無地可容人痛哭，有時須忍淚歡呼。」在日治時代的高壓統治下，有時還要適時用「親日」掩護「抗日」；必要「抗日」時，還得用迂迴婉轉晦澀象徵的方式，以免惹禍上身。反正自己的日本自己抗，態度要步步為營、且戰且走；同志們遍地開花，以筆為鋤，默默在書頁中，種下抗日的種子。

08

09

07《臺灣三字經》
王石鵬，1904 年

08《臺灣通史》
連橫，1920 年

09《中東大戰演義》
洪興全，1897 年

得蔡培火日記、信抄、詩文手稿記

如果日後我能有一天被冠上
「藏書家」或「文獻收藏家」之名，
原因之一必然是我擁有這批文獻。

　　一個飄著雨的下午，我到百城堂舊書店找漢章阿叔。坐定不久，照例東張西望，翻找老闆座位方圓二公尺內的新進商品。在一旁孔雀椅上，放了三、四本精裝刊物，開數雖小，書倒頗厚。輕輕翻書，內頁水漬蟲蛀嚴重，部分已黏成書磚無法閱讀，然而看到封面，不禁抖了一下——竟然是臺灣史上第一份臺灣人的政論雜誌《臺灣青年》，從 1920 年創刊號起的合訂本。這份雜誌，一向只能在臺灣文學史的專書中才能看到書影，想不到今日無意間被我捧在手裡，讓我大吃一驚。再翻到扉頁，竟有蔡培火、林呈祿、杜聰明蓋印，讓我大吃兩驚；這三個人物，無論是哪一位，都能在臺灣史專論佔一章節甚至用一本專書討論的地位，今日居然三人一起在這本書上蓋章，說明此書本身不僅非同小可，此書之原持有者也絕非泛泛。於是

我問：「這是誰的書，怎麼會有這些人印章？」這一問，讓找大吃三驚。

阿叔淡淡說道：「蔡培火家流出來的。」

我失笑道：「連這樣的東西都能流出來？」

阿叔看我都有機緣問到這上頭了，遂將桌屜打開，拿出一本日治時代形制的筆記本給我看，「也是蔡培火的。」

蔡培火（1889-1983），任何一部近代臺灣史都不可能忽略的名字。他生存的年代橫跨清末、日治與戰後，是臺灣局勢在歷史上改變最大、最快的時期，他以驚人的活力與能力，編輯並發行臺人第一份雜誌《臺灣青年》，致力於臺灣議會設置請願運動，加入過臺灣文化協會、臺灣民眾黨、臺灣地方自治聯盟等；由於在戰爭期間進入中國，加入國民黨，成為戰後在國民黨中少數的臺籍黨國大老。

論起他在日治時期的重要性，我這麼比喻吧：現在國小五年級下學期社會科教的是臺灣史，講到社會運動這一課時，課文只舉了兩個人：林獻堂和蔣渭水。如果課文要加第三個代表性人物進去，毫無疑問，那就會是蔡培火。若依據日治時代官方之《臺灣總督府警察沿革誌第二篇：領臺以後的治安狀況（中卷）·臺灣社會運動史》史料，統計其中臺人社會運動家名字出現的次數，第一名是蔣渭水，蔡培火堂堂高居第二，第三名才是林獻堂。只可惜，過去課堂上的中國史教得比臺灣史還多，跟人講起蔡培火，人們大多說：「喔——我知道，以前那個宣傳革命的嘛，也是教育家嘛，在文學史上也有重要地位

的那個嘛。」當你以為找到知音時，再往下詳談，才知道他講的是蔡元培。（翻桌）

我讀著這本蔡培火手抄的書信紀錄，又驚又喜，聚精會神地檢視著。我問這幾本都是哪裡來的，阿叔說販仔跤從資源回收場搶救下來的，整批資料中原本還有些蔡培火的信札，後來被另一個販仔跤拿去，所以分散開來了。然後我們不禁唏噓各種文獻的亡佚，以及販仔跤對於歷史文化保存工作的功勞云云。至今匆匆已過許多年，網路拍賣仍有大批蔡氏手稿、書信、相片流出，想必便是當年同在資源回收場的文獻。

阿叔看我讀得認真，遂一股腦兒把抽屜裡整批文獻拿到桌上給我看，一共六本。初見《臺灣青年》時，兀自失笑；再看蔡培火信抄時，還能問答；這一批全部呈現出來時，簡直連說都不會話，我是說，話都不會說了。

這六本分別是：

　　蔡培火日記（1929-1931）
　　蔡培火日記（1932-1934）
　　蔡培火日記（1935）
　　蔡培火日記（1936）
　　蔡培火詩文集
　　蔡培火書信紀錄

這六本，不是印刷品，不是他人謄抄。一筆一劃，完完全

全，是蔡先生的手澤。日記就是他寫的日記本，詩文集就是他自己選錄繕寫的詩文，書信紀錄則是他親筆寫下曾經寄給他人的書信副本。

01 蔡培火日記

1929-1936 年，共四本

這樣的東西，怎麼會被我看見？就算要被我看見，也應當是在臺灣文學館、臺灣文獻館、臺灣歷史博物館、臺灣圖書館等機構的玻璃展示櫃裡。而今，它確確實實，看得分明、手心承重、散發紙香，在我手裡翻閱著。

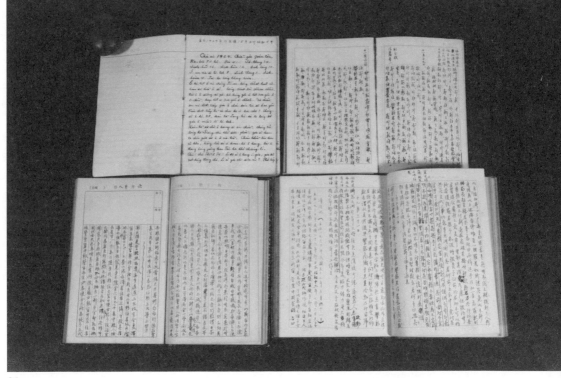

01

翻過一遍後，我恭恭敬敬地把它疊放桌上，吸了一口氣：「偌濟錢？」叔叔想了一下，講了一個數字，這數字很大，我從沒買過這麼貴的東西，但我也沒聽說過有什麼可以放在博物館的東西，能有這麼低的價錢。

叔叔說，這批文獻從上星期六收到，放到今天，沒給別人看過，也沒跟客人提起過。那是當然的，這些東西一見光，往來諸多藏家哪有不立即帶走的道理？

但這批文獻的價錢實在很高，我臨走前請阿叔幫我保留，我去找《蔡培火全集》翻翻，再冷靜思考。隨後，我立刻直奔國家圖書館借出《蔡培火全集》，翻了又翻，想了又想，走出圖書館，打電話跟阿叔說我要了。

這批文獻太難得、太重要了。我心裡告訴自己，如果日後我能有一天被冠上「藏書家」或「文獻收藏家」之名，原因之一必然是我擁有這批文獻。

回到家後，我整個晚上醒來數次，腦子裡都是蔡培火——前一次有這樣的身心狀態已經是十年前初戀之時了。百城堂裡藏家來去如潮，消息一走漏，必定立刻被買走。雖然確信叔叔不會把我訂了的書再讓給他人，但萬一客人半買半搶拿走，就像當年張學良豪奪張大千訂了的紅梅圖呢？一早醒來，向妻開口借錢，當天下午就前往百城堂交易。阿叔說，今日開門後，有不少藏家來過，坐了半天，他連提都不敢提抽屜有這批文獻。說了，人家必買；買不到，必然失望。我回頭找那幾本雜誌，果然已經不見。於是趕緊把錢付了，把這六本放入塑膠袋

中，瞥見桌上又一本蔡培火編的《新式臺灣白話字課本》，乃蔡氏在日治時期，為了因應日本當局取締羅馬拼音教學，索性借用日本五十音自創一套新的拼音符號，這本《新式臺灣白話字課本》正是當時開班所用教材，然而研習班不久又被禁止，所以這冊課本印量非常稀少，我也一併拿了；阿叔順便送我一小冊培火九十歲大壽的剪報集錦。日後回想起來，那幾本《臺灣青年》合訂本我也應該買的，雖然書況不佳，但畢竟是臺灣人第一份政論雜誌，又是《臺灣青年》編輯兼發行人蔡氏自藏書；但當時有這批文獻在眼前，那幾本閱讀不便的《臺灣青年》自然看不上眼了。

日記

蔡培火的日記共有四本，書寫年代在 1929 年元旦起至 1936 年歲末，整整八年。為求敘述方便，我且將各冊稱為蔡培火日記（一）、（二）、（三）、（四）。

寫於 1929 年至 1931 年的蔡培火日記（一），是用教會羅馬字（白話字）來書寫，說這是他生平的習慣也不盡然，因為其他文稿和日記依然使用漢字；應該可以將蔡氏用白話字書寫的行為，視為他當時推行羅馬拼音運動的實踐工作。據蔡培火演講稿〈日據時期臺灣民族運動〉所述，蔡培火識得白話字，乃十三、四歲時由其在臺南讀書之長兄教授。蔡培火認為能認識羅馬拼音，對於學習漢文與日文都有很大的功效，因此成年後從事各種運動，皆不忘呼籲推行白話字。例如 1923 年臺灣

文化協會決議請蔡培火出任專務理事，他便提出文協須推行白話字之條件，才願意就任。1929年元旦第一篇日記便紀錄：「主！在天的爸！！你所愛的工以外，我無別項通做，你愛我做啥物？普及白話字的事業，爸你敢肯予我對今年做起？」並因此作《白話字歌》。

據同年3月日記記載，蔡培火辦了白話字研究會，人數有增加趨勢，而且還有十餘個婦女參加，讓他相當感動，然而寫到拍攝研究會紀念照時，他說：「婦人人較濟驚見笑，無參加。毋知著到底時才會通焉婦人人佮查埔人平坐待！？」（4

02 蔡培火日記（一）
以教會羅馬字書寫

03 蔡培火日記（二）
蔡培火原以自創的拼音符號書寫，紅筆眉批則是 1963 年重讀時以漢字略寫

02

月 22 日記），可見他對於男女平等問題的關注。

　　甚至於蔡培火的母親，按理說不懂白話字，也大力支持蔡培火推行拼音。這段紀錄寫在 1932 年至 1934 年的蔡培火日記（二），這本日記用的是蔡培火自創的拼音符號，我雖看不懂，幸好蔡氏日後曾以紅筆眉批漢字於上，我恭錄如下：

　　　今日下午與患病在床之老母一段話：
　　　母回汝那呆小弟尚無職，汝何不為謀一職。
　　　余曰我自己將要無職，無可如何。

03

母：汝騙我乎？北港的親屬都給我恭喜，說我好老運，汝有好機會，至少每月將有三百元收入。

余：兒尚未稟明，有好機會，兒素以普及白話字為職志。今若以有機會就不進行，實於良心有愧。故思做到齊備時，即想交與朋友辦。

母：敢真如此？若然，余更歡喜。

余：若然豈不更無人氣，更要吃苦。

母：無要緊，敢餓會死？如此較清白！

噫！余有此母，其誰知之？于今讀之，新淚盈眶，敢不更加奮勉！

（一九六三、四、一五、復活節後一日）

　　蔡培火放棄之事業，是當時在臺灣新民報社的高位，一個月收入三百元，待遇之優渥，真的是讓人倒抽一口涼氣。然而蔡培火為了全力推動普及白話字，卻拒絕了，更令人驚訝的是蔡媽媽居然大大鼓勵這個傻兒子的行為，讚其清白。

　　偉大的女性。太偉大了。蔡培火隔 31 年後重讀日記，用紅筆在日記本上方以漢字簡略重寫了一次，有一小部分字跡紅墨暈染，如果我沒有猜錯的話，那是淚痕。（可以提取紙上的淚液 DNA 複製蔡先生嗎？）

　　對話後四日，蔡母過世。這一番鼓勵對蔡培火太重要了，他遂將那年出生的第六女取名「淑皓」，皓是光明潔白之意，表示不忘母親的勉勵——「清白」。

蔡培火忙碌半生，在 47 歲上回顧其事業，自稱：「余自出社會于今所關係之事業固有多種，就中略可謂幾分成功得意者，即言論機關之攫得、建設理想家庭之婚姻介紹，及寫成幾首之歌謠，此三者於予種種失意之事業中，聊可以自慰者也。」他當時還不知道一生會活到 94 歲高壽，47 歲恰好是他的半生。檢視其自豪的三樣業績，第一項當然是自發行《臺灣青年》以降，參與各種刊物的創辦，以及積極推行社會啟蒙運動而言。第二項則是為人作媒，促成美好家庭；這件事看似無關緊要，就算曹西平當年主持《來電五十》湊合無數男女，似乎也沒啥好說嘴的；然而蔡培火認真覺得能讓正直良善、有影響力的家庭結合，就慢慢能夠改變社會。如同他在 1929 年 2 月 24 日的日記寫的：「總是我確信，若會通幫贊濟濟好的新家庭緊緊出現，這个荒廢腐敗的臺灣毋驚伊毋變好。」第三項寫歌譜曲，已有蔡培火女婿賴淳彥（蔡淑嫧夫）為他整理成《蔡培火的詩曲及彼個時代》一書。

至於蔡培火畢生推行的臺語拼音，很遺憾地，就今回頭檢視，其實多次遭受挫折，不算太成功。他在 1929 年辦的白話字研究會，辦過幾期就被禁止了，到 1931 年 5 月起，開始研究用日語五十音改良白話字拼音，並借中國注音符號五字，借伊澤修二所創一字，蔡氏自創三字，共 28 個字母，是為「新式臺灣白話字」，並印行《新式臺灣白話字課本》，開班推行，可惜效果不彰，這本教材流傳至今，成為有字天書，不知蔡家後人尚有人能識否？不過蔡培火做事非常有毅力，他為了

推行或者試用自創的拼音符號，從 1932 年開始，日記一律用這種拼音書寫，寫了兩年，到 1934 年才放棄，改用漢字。

　　到了戰後，蔡培火成為國民政府任用臺灣人的樣板人物，位高權輕，雖然蔡培火數度提議應當推行臺灣話教育，然而國民政府對於臺灣語言的箝制，比日本總督府更加嚴苛，總不肯接納蔡培火的意見。對於普及白話字，蔡培火戰後的自述云：「我已經是 85 歲了，還沒有做好此事，但我在日據時期的愚民政策之下，怎樣努力都無法展開此工作。光復後無日忘記推行，直到現在只能做到著作的預備工作，還不能順利痛快地普及於社會，實在遺憾之至。我至死一定要完成此一工作。」雖然蔡氏在戰後編出《國語閩南語對照初步會話》等，不過可以說是壯志未酬，當今臺文界使用的人甚少。他身在國民黨中，連抗議都不能，只好柔性地一再倡議——雖然前文中罵起日治時期的愚民政策，很有指桑罵槐的意味，但最多也只能說到這樣了。

書信紀錄

　　翻開蔡培火的書信紀錄，他寫給他人的信件，一律以漢文或日文書寫，沒有能與他用白話字溝通的親友，我想他在推行白話字的工作上，一直走得很孤單。

　　順便說說這本蔡培火書信紀錄吧。古昔之人常在筆記本謄抄信件，一來可作為日後尺牘應用範文，二來可留副本存檔。原來以為這冊筆記本是蔡培火把信寫好，再謄抄到筆記本上

04

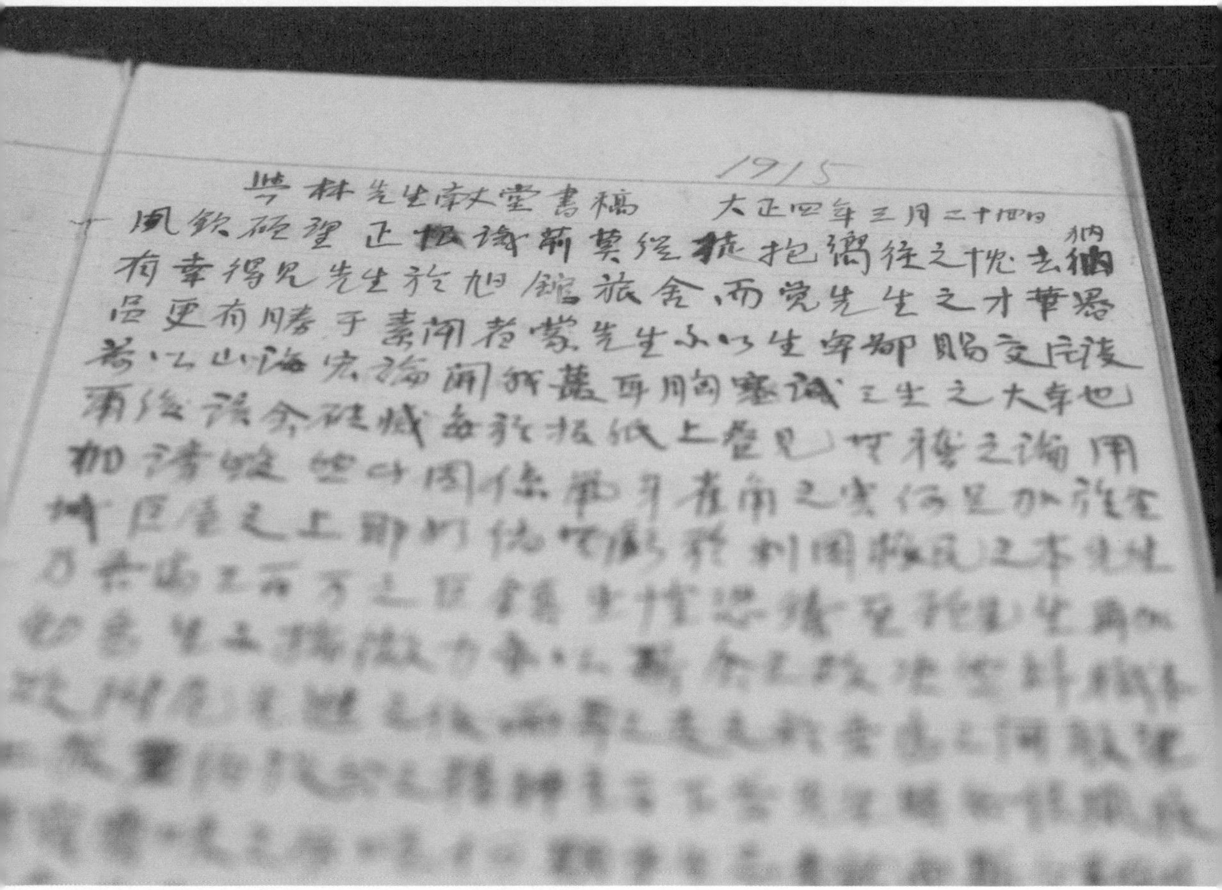

1915

大正四年三月二十四日

04 蔡培火書信紀錄

的，然而筆記本上塗改處甚多，細一推敲，豈有寫成之書信，抄寫時又刪改之理？應該是反過來，在這本筆記本上先擬信件草稿，塗塗改改，等完稿再謄抄於信紙上寄出。這麼說來，這筆記本比蔡培火的書信更珍貴，因為它除了呈現書信內容外，還留存了原始的思緒和文辭。此抄本共抄 32 頁，收錄 21 封寄出信件的草稿（備份），收件者包括岳父、林獻堂、王開運、日本友人等。

這本書信紀錄第一篇寫於 1915 年，那一年，坂垣退助來臺倡立的「同化會」被臺灣總督府解散不久，爭取臺灣人與日本人享受同樣權利待遇的夢想，成為旋起即滅的泡影，也連累蔡培火被免去在公學校的教職工作；在家潛沉許久，他做了很多思考，認為自己若不進修獲得更高深的學問，要如何在未來帶領臺灣人爭取與日人平等的地位？左思右想，自己早已從國語師範學校畢業，臺灣沒有更高學府可讓自己攻讀，只能往日本留學的目標前進。

但是留學日本所費不貲，自己不過是在公學校教了幾年書的 27 歲教員，哪來的資金可供留學？家裡的錢湊起來還不夠船費，只能厚著臉皮向至交兼姻親高再得醫師借了些錢。這時，霧峰林家的獻堂先生恰好得知他因同化會事件而被免職，捎信來慰問，這封信讓他大受鼓舞。當時就是參加同化會的活動，才在臺南旭館認識久仰大名的林獻堂，今日接到林先生來信，心情激動無法自已，掙扎良久，終於決定提筆擬定信稿，向林獻堂傾訴他的計畫。

他找出一本嶄新未用的漂亮筆記本，恭恭敬敬地在上面打草稿，定稿後才另謄抄於信紙上，以示對林先生的尊敬。他當時還不知道的是：林獻堂收到他的信之後，立刻允諾資助他留日一半學費，讓他成為第一個留學日本大專的臺灣人，在日本主持臺灣第一本社論雜誌《臺灣青年》編務，也開啟了此後他與林獻堂長達 40 年的交情。

　　這份信稿，影響了他的一生，也改寫了臺灣史。

　　我把這批文獻，整整齊齊擺在桌上，立正垂首向這批文獻鞠躬致意。我不知道是什麼因緣可以讓我得到這批文獻，無論是上天還是蔡先生本人（還是百城堂老闆？）的旨意，我甚至該為保有這批文獻而戒慎恐懼，原來愛書人真正遇到神品，是不敢向人說的。放了幾年，我終於沉澱心情，把這件事的經過寫下來。

再談「蔡培火日記」
原寫本之價值

蔡培火日記原寫本的價值，
很大部分是在刊本無法展現的拼音資料上。
《蔡培火全集》未能以原寫本影印、
附錄漢字譯文來編輯出版，
是臺文界重大的損失。

蔡培火日記的「再出土」

在波瀾壯闊的臺灣歷史長河中，臺灣人的第一波民主啟蒙運動，發生於日治時期。當時的臺灣知識分子，如同海綿一般，拚命吸收現代文明思潮，並且肩負起傳播新知的重擔。從1920年代第一份臺灣人辦的雜誌《臺灣青年》創刊以來，臺灣的政治與文化運動，經歷了「臺灣文化協會」成立、「臺灣議會設置請願運動」推行、臺灣第一個政黨「臺灣民眾黨」誕生，「臺灣地方自治聯盟」創立⋯⋯這些臺灣近代史上的大事件，都有一個共同且重要的角色投身其中。

那個人，就是蔡培火。

生於清領末期，經歷日治時代來到戰後，蔡培火以 94 歲高齡，見證了臺灣近代關鍵的一百年。他的一生，始終懷抱著推

廣白話字、傳承臺語的理想，走過紛亂的日本時代來到戰後，也仍然相當活躍，曾擔任過行政院政務委員、中華民國紅十字會臺灣分會長、私立淡水工商管理專科學校董事長、國策顧問、中華民國捐血運動協會理事長等職。說蔡培火無一日不為臺灣人的自由與幸福而奔走忙碌，並不為過。

然而，蔡培火在戰後縱然有機會躋身黨國中央，居於高位，成為國民政府任用臺籍菁英的樣板人物，但他推廣臺語文化的理想卻與執政者相悖，不但有志難伸，甚至失去了日治時代敢與掌權者爭得面紅耳赤的批判力量，部分論者也因此對蔡氏評價不高。就連蔡培火的姨甥高俊明也承認：「後來蔣政權來臺，蔡培火先生擔任行政院政務委員，總統府國策顧問等了後，我與伊的政治立場，漸漸發生不同的看法。」然而他依然高度肯定蔡氏「對臺灣同胞的愛心，及發揚臺灣文化的熱誠」。

為了平反部分人士對蔡培火的非議，蔡氏的女婿張漢裕遂將蔡培火之文稿交由吳三連臺灣史料基金會出版，希望藉由這些文稿的出版，「可以讓世人重新了解蔡培火對臺灣的付出，還給他應有的地位。」經過四年的編輯，吳三連臺灣史料基金會終於在西元 2000 年將蔡培火的文稿出版為《蔡培火全集》七大冊。其中，最引人注意的莫過於第一冊「家世生平與交友」，內容以首次公開的蔡培火日記為主體。由於日記是個人第一手的紀錄，同時也是一個人真性情、不作偽的文字表現，因此本書的出版，等於家藏史料出土於大眾眼前，對臺灣史研

究而言，不啻是投下一枚震撼彈。

　　《蔡培火全集（一）：家世生平與交友》（以下簡稱「刊本」）收錄蔡培火從 1929 年至 1936 年的日記，內容包括社會運動、啟蒙教育、教會活動、親友往來、家庭生活、臧否人物等等，乃是非常難得且珍貴的直接史料。不過若干年前，我在偶然的機緣下，竟於舊書店購得一批蔡培火原寫本，這六冊筆記本的內容，正好包括蔡培火從 1929 年至 1936 年的日記在內，以及蔡培火詩集、蔡培火書信紀錄等共六冊。

　　我將收到這批筆記的過程寫成〈得蔡培火日記、信抄、詩文手稿記〉之後，再經過詳細比對，不但再次確定這幾本日記的確是蔡培火的原寫本，而且內容比刊本更為豐富。這篇文章，我們就來多聊聊蔡培火日記原寫本，以及和刊本之間的對照差異。

關於蔡培火原寫本

　　目前我所收藏的蔡培火原寫本一共有六本：第一本是蔡氏 1929 年至 1931 年的日記，第二本是蔡氏 1932 年至 1934 年的日記，第三本是蔡氏 1935 年日記，第四本是蔡氏 1936 年日記，第五本是蔡培火選抄詩稿，第六本是蔡氏與親友的書信抄本。其中，1929 年至 1936 年共八年的日記，已經收錄於《蔡培火全集（一）：家世生平與交友》一書中；至於蔡培火選抄詩稿，我已於 2011 年交由龍文出版社影印出版，收錄於「臺灣先賢詩文集彙刊‧第九輯」之《蔡培火等先賢詩文手稿五

種》一冊中；至於蔡氏與親友的書信抄本，目前由我自藏，未曾刊印。

先談一個問題：蔡培火的日記，是否只有刊本所錄1929至1936這八年？我們或許可以先看看蔡培火的自述：

> 余在民國廿六年七月底將子女七人全部帶離臺灣，家裡所有除應用衣服而外，全部遺留沒有帶走，一部重要的東西寄存於親戚家裡，臺灣光復回到臺南只剩三件器具，餘皆沒有了。……（中略）……也有三冊日記，是一九二九至一九三五年七年間連續的大事記，是余最寶貴的東西了。

看來，經歷戰火洗禮，原本家裡的東西幾乎一件不剩，這些日記很可能是碩果僅存的物件。蔡氏又記：

> 余在較年青時甚愛寫日記，因在民國十二年為臺灣議會設置運動被日政府搜查家宅幾次，而他們最注目的就是日記，因此，以後就決心不寫日記了。現竟能有此七年的記述，是對內部的事多，又是關於白話字的資料都很齊全，真是求之不得呀！

由這段話得知，蔡培火在1929年之前便有寫日記之習慣，最早可以推到1923年之前。然而這些日記是否還存於世

間，無法從以上線索確知。

　　但是，若依上述紀錄就認定蔡培火日記只留存 1929 年至 1935 年這七年間的內容，這又會產生一些問題。首先，是吳三連史料基金會藏有蔡培火 1915 年至 1916 年間的日記影本，此為未刊稿，而我無法確知原寫本存於何處。再來就是《蔡培火全集》的總編輯張炎憲曾經提過：

　　　　一九二七年七月十六日日記中記載：「一九二○年七月十六日留日臺灣學生在東京創刊《臺灣青年》雜誌，林仲樹（按：應為林仲澍）掌記帳，彭華英擔任發送，蔡培火負責編輯、校正、財政的工作。翌年十一月四日，蔡培火回臺，社務交由林呈祿管理。」

　　這段話中明確出現了「一九二七年七月十六日日記」一詞，不禁令人大感疑惑：這本書收錄 1929 年起的日記紀錄，為什麼序文提起 1927 年的日記？我認為此處可能是張炎憲筆誤。查蔡培火 1932 年 7 月 16 日的日記提到：

　　　　大正九年七月十六日在東京創刊《臺灣青年》雜誌，有林仲澍君掌記帳，彭華英君共辦發送，其他外交、編輯、校正、財政，都要我一個人辦。現金全部交給林呈祿君管。至大正十一年四月因我不得不回臺灣開拓新地盤，就將東京本社的事物一切交給呈祿管理。

這段話幾乎與張炎憲說的 1927 年 7 月 16 日日記內容如出一轍，連人名順序都一樣，因此可以推斷，張炎憲應該就是引用 1932 年的日記內容，而文字上的出入可能是翻譯的差異，抑或是張炎憲自行改寫引述。

然而，我們也不排除真有 1915 年或 1927 年日記存世的可能，畢竟連刊本所收錄的 1936 年日記，在蔡培火的自述中也未曾提及。蔡培火於 1963 年重讀 1929 至 1935 年此三冊日記時，每本逐頁均以紅字眉批，並在 1935 年日記最末空白頁寫下「讀後記」，說到戰後返臺時，舊時家中物品幾乎全部散佚，在個人信件手稿部分留存「**也有三冊日記，是一九二九至一九三五年七年間連續的大事記**」；由此看來，1929 至 1935 年日記似乎已是他留下的全部日記，可是刊本卻又收錄了 1936 年日記。

就我觀察原寫本的狀況，1936 年這本日記完全沒有紅字眉批，也就是說，蔡培火於 1963 年重讀日記時並沒有讀到這一本。而這本橫空出世的 1936 年日記，彷彿是蔡培火極晚年才從某處出土一樣，戰後從高再得處拿回家時沒有這本，1963 年重讀日記時也沒讀到，沒寫眉批。

說到高再得這個人，他與高再祝兩兄弟是蔡培火從師範畢業後，到臺南教書時認識的朋友，是當地著名世家子弟。高再得的夫人是侯青蓮，侯青蓮則是蔡培火夫人吳足的表姐。至於蔡培火與吳足的婚姻，則是高再祝介紹的。所以高家兄弟本是

蔡培火的朋友，後來因結婚而成姻親，兩家往來密切。順帶一提，高再得的女兒高興華日後嫁給了蔡培火的獨子蔡敬仁，親上加親。我有點在意的是，這樣算起來，高興華和蔡敬仁的阿祖應該是同一人。但事實上，表親聯姻在臺灣上層社會是一再出現的現象，或許不足為怪。

從原寫本的保存可以再延伸到一個問題：蔡培火的這幾本日記，經手保管的過程為何？由先前引述蔡培火的講法可知，1929 到 1935 年這三本日記原本就一直在蔡培火身邊留存。

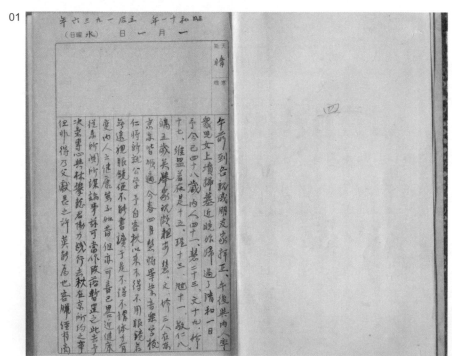

01 對照其他三本日記，1936 年的蔡培火日記並沒有紅字眉批

1937 年，他將日記交由臺南高再得保管，直到戰後返臺取回；1963 年，蔡培火重讀這三本日記並加註眉批，之後蔡培火又不知從何處找到 1936 年日記一冊。照常理而言，這四本日記應該一直留在蔡培火身邊，直到 1983 年過世，但之後日記的流向卻比想像中來得複雜。

蔡培火過世之後，遺物似乎大多由張漢裕、賴淳彥兩位女婿保管。從賴淳彥編輯《蔡培火的詩曲及彼個時代》一書之參考文獻觀察，蔡培火當時（1999 年）有許多未刊稿存放於張漢裕處，然而「〈蔡培火日記（1929 ～ 1936）〉（未刊稿）」列於此書參考文獻中，並未括號附註「張漢裕提供」。

如果蔡培火日記並非張漢裕提供，而是由賴淳彥自藏，那這四本日記從蔡培火過世之後，應是由其么女蔡淑眴、賴淳彥夫妻遠在美國保管。我猜想，應該是直到張漢裕主編《蔡培火全集》時，為求語意清楚，除了以蔡培火晚年的謄本為底稿之外，也依據日記原稿做些許確定和修正，而將日記原寫本從美國調回。然而《蔡培火全集》尚未出版，張漢裕便已過世；全集出版之後，日記如何經手便不得而知了。據說有一批蔡培火的資料，分別被若干「冊販仔」分去，這批日記與其他蔡氏自藏書一起被賣到古物商、舊書店，才有機緣被我遇上。

蔡培火原寫本之價值

一、保存珍貴語料

蔡培火的四本日記，用了三種文字書寫。第一本日記

（1929-1931）全用白話字；第二本日記（1932-1934.1）則採用他自創的「新式臺灣白話字」拼音文字書寫；之後的日記則全用漢字。由於使用了大量拼音文字，吾人可以從中觀察1930年代臺灣人的語彙、發音，以及蔡培火本人的腔調。蔡培火祖父是福建泉州晉江人，蔡培火則出生於雲林北港，按理說他是偏泉州腔，但他也承認自己年長後南北奔跑，腔調已經混雜不清了；由於他編寫的臺語散文、教材，為求讓大眾易讀易懂，可能曾稍微調整成接近較通行的廈門音。因此，要觀察他最自然的腔調，要從私人日記的拼音著手。本文以下的拼音，為求呈現原始樣貌，筆者統一以蔡培火慣用的臺灣白話字書寫，暫且捨棄現今已通行的教育部臺灣閩南語羅馬字拼音方案。

蔡培火的「母」字拼做「bió」、歲字拼做「hè」、「改」拼做「ké」、「恩」拼做「in」、「如」拼做「lî」、「任」拼做「līm」、「退」拼做「thoè」、「月」拼做「goè」、「日」拼做「lit」，都很能代表他當時的腔調特色。到他約四十年後的1972年編輯《國語閩南語對照初步會話》時，「月」拼做「gè」、「日」拼做「jit」，唸法又不相同了。蔡培火個人口語上又常會加語尾助詞「了（liáu）」、「嘛（mah）」，很是特別。

比起腔調問題，我更感興趣的是蔡培火所紀錄的1930年代語料。有許多詞彙、發音，是現代人不曾聽聞過的。例如一些臺語正音：「權」字拼音做「koân」，現代人多唸為「khoân」；「植」字拼音做「sit」，今人多唸「tit」；「交

涉」拼做「kau-siáp」，今人多唸「kau-siap」；「推薦」拼做「chhui-chiàn」，今人多唸「thui-chiàn」；「援助」拼做「oān-chō͘」，今人多唸「oân- chō͘」；「計畫」拼做「kè-hėk」，今人多唸「kè-oē」；「故障」拼做「kò͘-chiòng」，今人多唸「kò͘-chiong」；「甚至」拼做「sīm-chì」，今人多唸「sīn-chì」等等。

還有一些鮮少在今日社會聽見的詞彙，在蔡培火日記中俯拾即是。例如「這霎（chit-tiáp）」，即是「現在」；「天爸（Thĩ-pē）」即是「天父」；「歌調（koa-tiāu）」即是「旋律」；「海岸急行（hái-gān kip-hêng）」即是「海線快車（火車）」；「聽我的自由」這句話的「聽」不做「thiã」，唸成去聲的「thèng」，「任憑」之意；「哈仙（hap sian）」是「閒扯」；「避暑」直接唸做「pī-sú」；「立腳點（lip-khiok-tiám）」即是「立足點」；「涼臺（liâng-tâi）」即是「陽臺」；「絞（ká）電話」就是「打電話」；「委囑（uí-chiok）」即「委託囑咐」；「救主誕（Kiù-chú-tàn）」亦即「耶誕節」；「著磨（tiȯ-boâ）」義近「辛勞」；「恰切（khap-chhiat）」即是「恰當」；「感激（kám-kek）」是「感動」而非感謝之意；「活動寫真（oȧ-tōng siá-chin）」即為「電影」；「囡仔氣（gín-á khì）」即為「孩子氣」；「激身穿（kek sin-chhēng）」即為「穿扮漂亮」；「這幫（tsit pang）」在今日專指車次，蔡培火屢用來表「這次」；「檢不采」（khiám-put-chhái）」是「也許並不」；臺灣文學史上著名的諷刺小說《犬羊禍》唸做「Khián-iông hō」等等，每頁都能找出數個鮮在今日聽聞的詞彙，這是刊本無法呈現的。因

為刊本的文本來源是「蔡培火在過世之前，這些非漢文紀錄的日記內容經他的家人翻譯成中文，並重新謄寫，最後再經由他過目」，因此失去了蔡培火自身語言的原汁原味，更無法重現讀音。

從蔡培火的日記，亦可觀察其身處新舊交替的時代，臺灣語言如何稱呼新事物。在他的日記中經常出現日本人名，他不以日文發音（他精通日文，絕對可以排除不會用日語稱呼其姓名這項因素），而是直接將日文漢字唸做臺語。例如「小林光政」寫做「Siáu-lîm Kong-chèng」，「伊澤多喜男」寫做「I-tėk To-hí-lâm」，「植村正久」寫做「Sit-chhoan Chèng-kiú」。提到女兒淑慧學「小提琴」的時候，先是寫了「violin」，後來又劃掉改寫為「Bai-o-lin」。

整體說來，蔡培火的「臺灣話文」語詞運用非常豐富，遠勝現今大多數的臺文創作，受到臺文研究者一致推崇。而他純臺語的寫作方式，豐富的語彙也提供臺語研究者大量的參考資料。例如有人認為臺語中「歌曲」的單位量詞要用「塊（tè）」才道地，但從蔡培火日記常提及「做成一條歌」就知道，早在1930 年代就是用「條」來當歌曲量詞。又如今人講臺語時，要表達「終於」的語氣，使用「chiong-î」或者「總算（chóng-sǹg）」都是「華式臺語」，但從蔡培火日記原寫本中，可以找出「到尾（kàu-boé）」、「結局（kiat-kiȯk）」、「對按呢（tuì an-li ̄）」、「致到（ti-kàu）」等數種講法，在刊本卻一律翻譯為「終於」，就語氣的活潑與詞彙的多樣而言，大大失色。

然而，蔡培火的拼音也偶有拼錯之時，不能完全囫圇吞棗一概接收。例如「蔣渭水」的名字，拼音為「Chiú Uī-suí」，蔡培火屢次拼為「Chiú Uí-suí」，甚至曾拼成「Uí-siú」、「Uî-suí」等。又如「兩」字，拼音為「nn̄g」，蔡培火也曾數度拼成「n̄g」，這是在研讀之時須注意的事。

　　蔡培火日記的刊本，因為經過翻譯潤飾，雖便於社會大眾閱讀理解，然而讀來好似假借他人之口轉述，平板無味。唯有從原寫本去閱讀，細細品味他流利工整的書寫體文字飄傳出的聲調，彷彿他親口對讀者述說那些古雅的用語，吾人猶如親耳聽到他的鄉音，字字鏗鏘，起伏有韻，才能被深深打動。

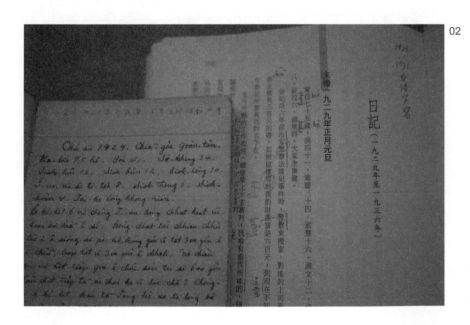

02

02 蔡培火以拼音文字書寫日記，紀錄了當時的發音

二、拼音方法的觀察

1931 年 3 月 30 日，蔡培火在日本與前臺灣總督伊澤多喜男見面，伊澤氏對蔡培火表示，自己並非不贊成用臺灣話教育臺灣人，而是認為使用羅馬字會使國內文字更加複雜，是以建議蔡培火用「アイウエオ」（日本拼音假名）推行，蔡培火當下答應研究看看，但言明若日本假名無法拼出臺語，他仍要強硬推行羅馬字。這次會面遂成為蔡培火自創拼音符號的契機。

蔡培火返臺未久，在 5 月便創出「新式臺灣白話字」，共 28 個字母，其中有四個字是為了泉州腔特別創的。蔡培火研創完成後，自己相當滿意，第一由於大量借用日本假名，因此只要受過公學校基礎教育的人，學這套拼音便非常容易；第二是字母排列上，盡量讓字型接近方塊字，可與漢字連結使用，看起來美觀便利。「新式臺灣白話字」完成後，6 月蔡培火便離家到處去向同志與總督府介紹這套拼音。6 月 26 日提出講習申請。7 月 16 日不顧警察署反對，在臺南武廟佛祖廳正式開課，發現學員只要十天就快速學會。然而這套新式臺灣白話字推行的時間並不長，只有從 1931 年夏天開始直到 1934 年 1 月。一方面是研究會的招生並不理想，另一方面是時局不允許，再加上蔡培火在日治後期搬到日本，改投入日華和平的推動工作，便停止了推行白話字的志業。

這套拼音符號由於推行時間短暫，留下的資料極少，蔡培火在日記中曾提及「自五月末起就起稿寫一本天文常識，今日才寫完，是用新式白話字寫的」，然而在《蔡培火全集》中並

木收錄這本文獻，可能是未刊稿或者已亡佚。目前關於這套新式白話字最完整的刊本，是由臺灣白話字會發行的《新式臺灣白話字課本》，乃1931年開辦兩次新式白話字研究會所使用的教材，目前已收入《蔡培火全集（六）：臺灣語言相關資料（下）》中。而這套拼音符號書寫最豐富的文本，其實就是蔡培火第二冊日記原寫本，從1932年元旦起，直到1934年1月8日，足足兩年餘的日記都用這套符號拼寫。這套拼音與羅馬白話字相比，幾乎是換湯不換藥，一個字母對應一個羅馬白話字的聲母或韻母，不同的地方在於鼻化韻的標記與調號結合。拼法上也有些微更動，如「按呢」若在羅馬白話字蔡氏寫做「an-ni」，在新式臺灣白話字卻拼成「an-li˜」；原本「ma」的拼音也改為「ba˜」。

歷來探討蔡培火白話字運動的論文，大多探究此運動背後的意識，未見有人就「新式臺灣白話字」的字母作「破譯」。我也分享新式臺灣白話字與羅馬拼音的對照結果，期望對學界有所助益。唯新式臺灣白話字有許多符

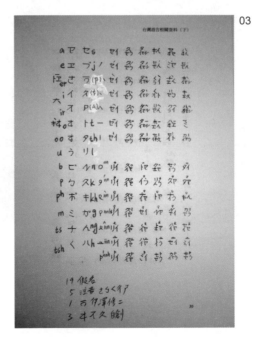
03

03蔡培火自創「新式臺灣白話字」與現今臺灣羅馬拼音對照

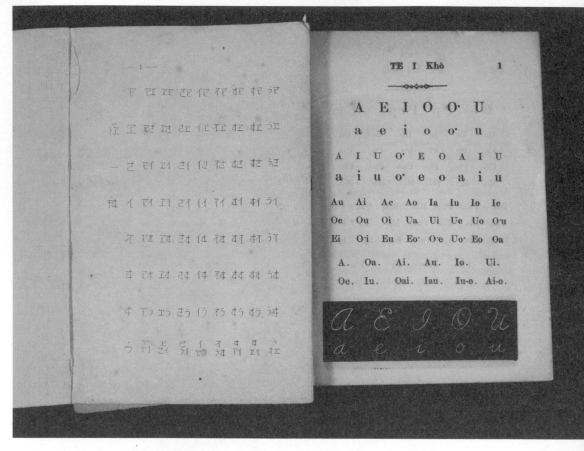

04 左為蔡培火自創的拼音文字，右為教會羅馬字

號在電腦字型無法顯示，所以我將對照的結果加註在《新式臺灣白話字課本》紙本上，以相片呈現。

三、刊本未曾收錄的部分

由於刊本的底稿是蔡培火的家屬將日記原寫本先譯為漢文後，再重新謄抄的，因此不知是哪個環節的疏忽，導致原寫本的部分內容未收錄於刊本中。這種情況有兩種，一種是謄抄（或編輯）過程中遺漏的部分文字或段落，例如 1929 年元旦的日記，在刊本「萬事全祢的聖手引導！」至「懇求天父特別施恩！」中間，對照原刊本得知還闕漏了以下文字：「**懇求毋通晟我成我的私心，向望此去所做的，攏會通榮光祢的尊名。臺灣的現狀猶烏暗。**」另一種狀況則是整天日記的內容都不見了，我發現原寫本有三天的日記為刊本所無，分別是 1929 年 9 月 1 日、10 月 17 日，以及 1930 年 5 月 2 日。但檢視這三天日記，並無特別私密之情事，因此推測單純也是謄抄或編輯時的遺漏。

我補充內容較長的 1930 年 5 月 2 日日記如下：

> 葉榮鐘君決定這初六的船欲轉去臺灣，鬥設法自治運動的代誌。［下昏］暗佮伊做伙食飯，紲看活動寫真，看著一齣，一个查某因仔為著周圍的人的肉慾，受了無限墮落的悽慘。伊看了也不止受感激的款。這个少年人也常常有受這款迷惑的危險，伊家己也有感覺，也

知我有咧為著伊掛心。我佮伊欲轉去歇睏，行到飯田橋
驛內，共伊講：「葉君！我感覺有不時徛佇你的身邊的
必要，所以愛佮你做伙翕一張相。」伊講伊也是感覺按
呢。我共伊講我閣送你一句話，「毋通掠私恩私情看做
上大的感激。有一个永遠袂變的佮啥物都有關係，彼个
著愛出力扱予牢！」

　　除了遺漏的日記內容，刊本也沒有收錄 1963 年蔡培火重
讀前三冊日記所作的眉批（但有收錄前文提及的，寫在 1935
年日記最末空白頁的「讀後記」）。這些眉批皆以紅字漢文書
寫，大多只是日記內文的摘要；不過有部分是他在 1963 年回
顧前塵的補充，可以一窺蔡培火經過二、三十年後心境的變
化。例如 1930 年 8 月 16 日的日記上方眉批：「素卿生八子六
女二男長男維崑三歲時就死敬仁亦自幼就多病幸得不死但不幸
她卻為看護敬仁而死去了。」表現出思念亡妻之情。1932 年 3
月 18 日的日記，紀錄了其母過世前與蔡培火的對話，上方眉
批更將對話摘要重謄了一次。
　　有關他在白話字推廣方面的努力，1932 年 9 月 30 日眉批摘
錄一段：「我沒有一天忘記了白話字普及的需要天天都在做準備
工作。」這段話讀來字字震撼，稍後又說：「這運動不只是臺灣
需要大陸各省也一樣需要此時應先在臺灣通行由此臺灣做個真真
正正的模範省我該全力以赴！！（一九六三、民五二、四、二八
記）」由此亦可窺見他在戰後對黨國效忠的思想。

蔡培火在日記中不斷批評林呈祿，他也留下一眉批補述：
「此人性自高余為大局事事退讓全不知足余吃其苦頭最多此君
當日本侵略得勢時失節改換氏名為林（ハヤツ）貞六將新民報
改題興南新聞廢除漢文版參加皇民化運動光復後一直隱棲知恥
謹慎余甚喜他能有此自知之心自他跌倒斷足後余再開始與他往
來每月邀二，三友共餐一次同樂殘年。」可謂道盡二人交誼。

除了眉批之外，日記中有少部分的塗改內容，也是刊本無
法呈現的。舉例來說，蔡培火在 1931 年 4 月 13 日日記提到：

　　　　我佇這幾日有閣做一條歌名做「臺灣自治歌」歌詞
　　是佇東京欲出發幾日前做的，譜佇這陣來做的，總是敢
　　著閣大修削。

而其中「臺灣自治歌」一名曾經被刪改，依稀可以看出
原本叫做「臺灣地方□」，歌名寫到一半才改為「臺灣自治
歌」。關於「臺灣自治歌」的寫作日期，一直有爭議，賴淳彥
認為：「『臺灣自治歌』的歌詞，是早於 1925 年因治警事件
被關在臺南監獄期間所作並發表過，曲是一直到 1931 年才作
的。」這個說法蔡培火也在〈家系與經歷〉、〈臺灣光復前之
經歷〉等文提過。然而，從這一天日記的語氣看來，似乎是當
時初完成，歌詞是「做的」，不是「改的」或「修的」。而原
本歌名開頭是「臺灣地方」，可能是配合當時積極推動「臺灣
地方自治聯盟」有關。

臺語日記，紀錄真情

　　蔡培火從 1929 年起八年間的日記，總共用了三種不同的文字書寫，更大概的區分，「新式臺灣白話字」是從「白話字」脫胎而來，屬於同一套拼音文字，因此這八年間用的文字可說是「拼音」與「漢字」兩種。我有一個有趣的小觀察是：從 1934 年 1 月 14 日開始用漢文寫日記之後，蔡培火的文氣似

05

乎與先前用拼音書寫時不同了。讀者自叮從《蔡培火全集》第一冊中，挑一篇 1934 年 1 月 14 日以後的日記，與前面我逐字譯寫的日記譯文對照閱讀，便能顯見用漢字書寫的日記比較文言，甚至讀起來不覺得是用臺語寫日記，語言生動靈活的程度天差地遠。我認為當年《蔡培火全集》未能以原寫本影印、附錄漢字譯文來編輯出版，是臺文界重大的損失。

　　蔡培火第二冊日記原寫本（1932-1934）中，使用新式臺灣白話字約四萬五千多字，但其中夾雜些許漢字；若再與第一冊日記原寫本（1929-1931）大概約有四萬三千字（音節）相加，蔡培火的日記原寫本估計約有七、八萬個拼音文字，比他的白話字散文集《十項管見》的六萬六千三百餘字更多。因此，蔡培火日記原寫本的價值，很大部分是在刊本無法展現的拼音資料上。藉由本文，我整理蔡培火在白話字書寫上的成就，並補充一些刊本並未呈現的闕漏文字、眉批、刪改內容等。吾人從蔡培火日記的原寫本，能夠認識第一手文獻在臺灣史學研究上的重要性；並更深刻感念蔡培火在臺灣語言、臺灣文學上的努力。

05 蔡培火日記（1931 年 4 月 13 日），刪改的地方即為「臺灣自治歌」。

臺灣為何沒能成為
文化輸出國？

臺灣是何等有多元文化資產的寶庫，
讓當年來臺的日本人視為珍寶，
怎麼走到今天這種
自己都瞧不起自己的地步呢？

　　近十多年來，「文創」這兩個字在如今的臺灣，似乎已經從一個新穎的概念，淪為俗不可耐的的廣告標語（畢竟連夜市都可以文創）。而無論是流行文化、音樂、影視⋯⋯臺灣的文化相關產業也都一面倒地被外國「傾銷」。但或許沒有太多人意識到：臺灣其實曾經有一個機會，有那麼一個時間點，可以成為文化輸出的寶地──那就是日治時代。

　　日本人在 1895 年領臺之後，臺灣成為日本第一個殖民地。突然間天上掉下一顆大蕃薯，要怎麼妥善處理也是挺頭痛的，所以初期也有乾脆把臺灣賣給法國的呼聲（也就是所謂的「臺灣賣卻論」）。後來日本領悟到：要有效統治這塊燙手山芋，喔不，燙手蕃薯，並不是貿然派兵鎮壓壓到你變蕃薯簽就算了，而是像成藥廣告所說的：講求先研究不傷身體，才研究

藥效。因此，對於臺灣島上的人事時地物先有通盤瞭解，成為治臺的第一步。

於是，臺灣總督府派人進行大規模的整理和盤點，從看得見的土地山林田野動植物礦產人口，到抽象的信仰風俗慣習文化，都做了縝密的調查。這麼全面的調查，是過去開臺兩百多年來，歷任統治者無力或無心去做的。當你有多少家產和你的習慣個性甚至租片喜歡租哪種類型（那時沒得租片好嗎）都被知道得一清二楚之後，那統治起來自然事半功倍了。

今天我們不提別的，只談文化調查的部分。在整個日治時期，這種官方出版或者學者自己整理的臺灣風俗專書很多，例如《臺灣慣習大要》、《臺灣宗教調查報告書》、《臺灣舊慣制度調查一斑》、《臺灣風俗誌》、《臺灣の宗教》等等，可以說包羅萬象，鉅細靡遺。

《臺灣風俗誌》近年來非常有名，因為當中有一個單元紀錄了當時臺灣各種罵髒話的形式。有許多「內容農場」轉貼文章時，說那是因為日本警察怕被臺灣人罵而不自知，所以才列舉的，這說法非常可笑，講得好像這本書只專門列出髒話一樣。事實上，這本《臺灣風俗誌》列舉的常民文化，從建築、飲食、髮型、服飾、歌謠、遊戲、賭博、休閒等等，無所不包，才不是什麼要聽懂臺灣人罵什麼才編的書。

再來談談《臺灣の宗教》這本書，本書作者增田福太郎調查臺灣民間信仰與臺灣佛、道教，包括臺灣寺廟與原住民信仰之後，讚譽臺灣為「宗教的寶庫」。增田福太郎在臺十年，發

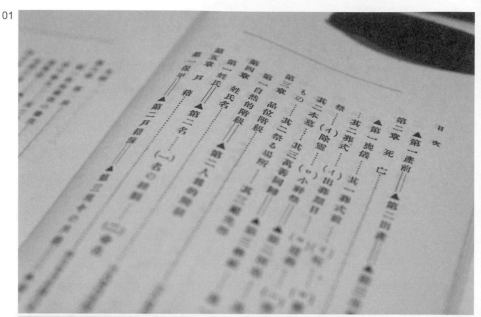

01《臺灣慣習大要》

手島兵次郎，1913
年，臺北臺法月報發
行所

02《臺灣の宗教》

增田福太郎，1939
年，東京養賢堂

表臺灣宗教相關論文超過四十篇，他雖信奉日本神道教，但對於臺灣的宗教信仰亦抱著理解、尊重的態度。

看到這本書，大家可能會質疑？什麼？臺灣的宗教？臺灣的宗教不就是一些 8+9（八家將）還有迎媽祖迎到打架的活動嗎？又是什麼鬼寶庫了？

好的，我們就以宗教切入，來看看日本人是如何看臺灣的文化。

2017 年被改編成真人電影版的知名日本動漫作品「攻殼機動隊」，於 2004 年曾經推出動畫劇場版《攻殼機動隊 2：INNOCENCE》。在這部作品中，有一幕發生在 2032 年擇捉島上的廟會片段，雖然這個段落時間很短，只有將近三分鐘的長度，但畫面充滿了你我所熟悉的臺灣場景，瑰麗磅礴，壯觀程度不可思議，搭配作曲家川井憲次操刀的樂曲《傀儡謠》，堪稱絕美的一幕，被廣大粉絲網友譽為「神作」！

根據相關報導，製作公司「I.G 工作室」為了這一幕，特地組成了一個三人專案小組來到臺灣，針對基隆中元祭與其他民俗活動進行數次考察，花了整整一年的時間和天價預算，終於完成了這夢幻壯麗的三分鐘。在這個場景中，有我們在廟會一定不會錯過的三太子、官將首、千里眼、順風耳、藝閣、燒王船，甚至北港朝天宮的空拍畫面，也成為這個華美奇幻的背景之一。

此外，《攻殼機動隊 2：INNOCENCE》的導演、日本動畫大師押井守，和臺灣也有一些關聯，他於 1991 年的監督作

品《地獄番犬》（ケルベロス‐地獄の番犬）正是在臺南取景，本片也因而留下大量的臺南街景。故也有人推論，這一次長時間待在臺南的機緣和經驗，很有可能是後來押井守決定取材臺灣民俗的關鍵。

假如你人在國外，跟一群日本韓國英國法國聖塔不里控國朋友們一起看這段影片，當大家讚嘆著說：「這景象好華麗，不像是真的，應該是古代的宮殿吧？」你會不會驕傲地說：「沒什麼啦，這是我故鄉的廟會而已。」

臺灣的文化自有迷人之處，這不是從「攻殼機動隊」才開始的。早在距今七、八十年前，就有一群灣生日本人，深深地著迷於臺灣傳統宗教的美術、圖騰、故事。其中一個代表性人物，叫做西川滿。

西川滿有一本詩集，書名就直接叫做《媽祖祭》，夠愛媽祖了吧。然後再看看它的扉頁，以全頁字體填滿表現出信仰的莊重，搭配一張民俗用的紅色剪紙，讓裝幀設計不至於太過呆板。這本放到今天去參加國際書籍設計大賽也不遜色的作品，滿滿都是臺灣元素。或許是為了追求某種極致，西川滿甚至毫不忌諱地在書裡夾了一張金紙！

西川滿還有另一本《華麗島頌歌》，其書衣和封面分別是臺灣民宅圖繪和民俗宗教用的「吊花籃」版畫。他並不嫌棄臺灣民間信仰土或者俗，我們甚至可以說臺灣民間信仰本來就不土不俗，是我們現代人把它搞俗了的。

《華麗島頌歌》書裡還有「媽祖控」西川滿最愛的媽祖形

象版畫，這張作品來自他的合作夥伴立石鐵臣之手。立石鐵臣在臺灣出生，長大後回日本學畫，因為熱愛臺灣事物的粗獷線條和鮮明色彩而回到臺灣創作，此時遇到西川滿力邀他創作版畫。立石鐵臣「改行」畫版畫，可能是他一生中最偉大的決定，因為他總能在寥寥幾筆中，鉤勒出臺灣民俗風物的精髓，因此，他在 30 至 40 年代，留下了大量的臺灣民俗圖繪。以現代的話來講，這就是「文創」。

　　幾乎同一時間，日人金關丈夫和池田敏雄，因熱愛臺灣文化，也創辦了一份雜誌，稱作《民俗臺灣》。這是臺灣史上第一份以臺灣民俗文化為主題的刊物，先不看內容，光看看立石鐵臣幫雜誌設計的封面就可以知道，不必畫什麼假鬼假怪的東

03

04

西，不必找臺灣根本不出產的生物當公仔，光是把臺灣最常民的文化老老實實地找出來重新創作，就把臺灣今日的文創甩開至少八條街。

那《民俗臺灣》內容到底談些什麼呢？我們在合訂本的目錄中，可以看到多元而豐富的各期主題，像是臺灣的遊戲、民藝、手作、民間文學、語言、人類學、禮俗、傳說、遊記⋯⋯我們很難想像這是由日本人創辦的、日治時代的雜誌。更何況，當時還是皇民化運動正在大力推行的時候，總督府大力的在「去臺灣化」，這群人卻致力於保存臺灣文化。池田敏雄甚至整天穿著漢服，在艋舺巷弄裡晃來晃去三更半夜不睡覺出來假扮臺灣人，最後被他搞出一本《台灣の家庭生活》，被尊稱（戲稱）為「艋舺學派鼻祖」。

看著這些研究、文學、圖繪，我們幾乎可以看到臺灣文化原本可以蓄勢進入日本內地市場的動能。然而到了戰後，一切都變了樣，原本固有的南方漢人文化被北方中華文化取代，原住民則用吳鳳傳說 2.0 加強版來打壓。戰後初期，原本有些文化人興致勃勃創辦《臺灣文化》雜誌，但後來撰稿人許壽裳莫名被殺，該刊物也被迫停刊。

當文化人都不敢出頭，臺灣的地方政治與民間信仰，自然就被角頭勢力把持，於是文化的精緻與高雅不見了，「傳統文化」變成負面的語詞。8+9 跳著陣頭，毫不在乎地聘請辣妹沿街讓人摸奶，一副理直氣壯的「反正林北就是沒水準怎樣啦，我大哥鳳山凱名喔」。而自認受過教育的人，從假裝不會講母

05

語到子孫真的不會講了；所謂的文化休閒、文創商機，就是從日本移植妖怪村和懷舊動漫布景供遊客打卡賺錢，或者在街頭跳韓風熱舞。

說到韓風熱舞，這已經是臺灣各級學校校慶運動會必備的表演了。但我們看看日本的各級學校，運動會跳的大會舞是百年歷史的民謠《Soran Bushi》，也就是臺語老歌《素蘭小姐》的原曲。然而在臺灣校園裡，我們聽不到臺語、客語、原住民

06.07《台湾の家庭生活》

池田敏雄，1944 年，臺北東都書籍

06

語的歌。因為點播了，會被笑。

　　臺灣明明融合了南島文化、南北方漢人文化、日本文化，是個文化資產何等多元的寶庫，讓當年來臺的日本人視為珍寶。然而，這塊寶島怎麼走到今天這種自己都瞧不起自己的地步呢？如果我們能夠反省，不排除任何文化，兼容並蓄，是不是還能有轉機？

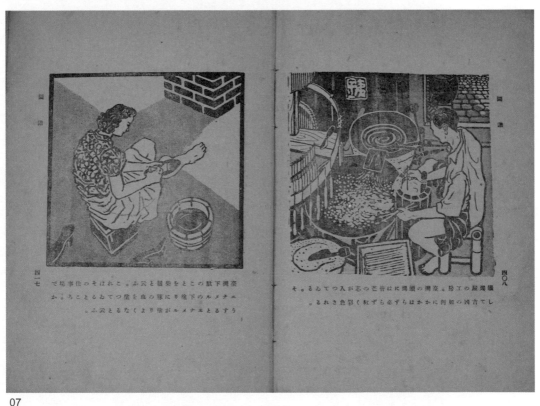

07

藏書之家

辑五

聽老文獻講
臺灣話

東山一派不着衣裳形容古怪曲衆捕人
相似妖怪行人謹慎莫持瞻大金銀不要
愛人頭腦一年殺人不計其個專取人頭
身屍留在禍因番割勾通番怪火藥鉛銃
館刀器械猪酒鹽物偷入山賣交換鹿茸
利息深大昔無教育野心最壞國有善治
撫邊分派教化變夷情如禮特別招待番
教育管業失歸士地拈閩贈典當喫田園供租業樂學校童學校
國恩深大買賣契尾當喫田園屋宇祖宗
祝契為順瞞業尾退賣粘閩贈典定田圓供祖業承當

二十四

掃刷塵埃帝印玉璽官印篆號印色圖章
花押字號原差捉人有票有憑若無印票
嚇騙良民廢獎匾額堅旗牌坊忠孝節義
不得歸宗流芳姦拐花害了自家中男女逐出
永古流迷賄貪偷混亂族人咒罵奸妍食
桑換頭去人無食飯被人咒自家食人承出
走上走下家爲富不仁刻源成家聖無差
子捲算興家子系奴女爲富不仁尖利鹹滿久滿做勞

耘田插蒋端正分
劉斧燒光　鋤嶺掘
爬山過嶺
黃昏暗息　黎明天光
栽種蔬菜　茄子冬
薑薯芋豆　瓠子地
芥菜蕹菜　蔺蒘出
莧菜山坟　芎蕉苗

我的文獻會講臺語！
──臺語史料的故事

從舊文獻中，我們除了「觀音」，
還可以看出每個民族、每個時代的特性。

老爸出生之時，我阿公已經五十歲了。阿公當時開豆腐工廠，往往天還沒亮，各地的小販就得批豆腐到市場販賣，所以前一天晚上，小販們便聚集在豆腐工廠過夜，大夥兒睡前天南地北聊著家庭瑣事、鄉野軼聞；老爸從小就這樣天天被一群「臺語家庭教師」灌輸功力，而且因為阿公年老，友朋輩年紀也大，這群人可謂是沒受過教育「污染」的「前清遺老」，那口臺語要多純粹有多純粹，談吐要多俚俗就有多俚俗。

老爸長大之後，對於傳統文學產生興趣，拜地方文人耆老為師，參加各縣市詩人聯吟大會，採錄老詩人誦念古文，此時接觸到的是一般大眾較少聽見的臺語「文音」系統，讀起詩文鏗鏘有力、古意盎然。據悉閩南語是漢語語言中「文白異讀字」比例最高的一種，也就是一個字常常有兩種讀音。好比說

從一算到十,「白話音」是一(tsit)、兩(nn̄g)、三(sann)、四(sì)、五(gōo)、六(la̍k)、七(tshit)、八(peh)、九(káu)、十(tsa̍p),但是用「文讀音」來講,是一(it)、二(jī)、三(sam)、四(sù)、五(ngóo)、六(lio̍k)、七(tshit)、八(pat)、九(kiú)、十(sip)──比對之下,只有「七」的講法沒變,其他的數字讀法都不同了!所以我認為,臺語的文音和白音,根本是兩種不同的語言。

而老爸在這樣的背景下,從販夫走卒俗又有力的土俚白話,到騷人墨客的高古清奇的吟哦詠唱,臺語雙璧就這樣練成了!後來不管是撰寫鄉土語文教材、編輯民間文學成果、為傳統詩文標音,都必須頻繁翻查臺語字典,尋找最可靠的用字與發音。於是在獨力摸索中,老爸練成了各種標音方式皆來者不拒的好胃口,沒有師承何門何派的包袱;也在搜舊書的過程中,特別留意與臺語字彙、語料、發音有關的文獻。

我大約是十三、四歲時,在老爸的指導下學會翻《彙音寶鑑》,這是戰後數十年間民間最普遍的臺語字典,想像中我應該也是當時全世界年紀最小的《彙音寶鑑》使用者了。此書由嘉義人沈富進編輯,以傳統韻書為底本──這就要牽涉到漢民族傳統韻書中如同密碼一般的拼音方式。

讀中文系的人一定都知道「東德紅切」是什麼東西。這四個字並不是東德生產「紅切達」乳酪的簡稱。這四個字代表的是漢人傳統韻書的拼音方式,稱為「切音」,表示「東」字是「德」字的「ㄉ」加上「紅」字的「ㄨㄥ」拼出來的──這其

中還有聲調問題，因比較複雜暫且不在本文解釋。

　　這種切音法有一個大問題，就是它用什麼字來上下切都可以。比如說「東」固然可以「德紅切」，但我要寫成「得洪切」、「竹防切」、「刀公切」……其實也無不妥。只是寫法這麼多種，要是有一個字不認識，就切不出來了，還得岔出去先翻找不認識的那個字到底怎麼讀，讓人氣得想撕字典。幸好，在閩南語韻書系統中，有一本在明朝就出現的字典，叫做《戚參將八音字義便覽》。這本書相傳是抗日名將戚繼光編撰的，但很可能只是託名之作；後來與《太史林碧山先生珠玉同聲》合訂為《戚林八音》，這本《戚林八音》最大的貢獻就是規定了反切的上下用字，一個聲母或韻母只對應一個字，大大簡化了切音用字。

　　《戚林八音》原本是福州話字典，但閩南語韻書將它的切音法借去，分為「十五音」和「四十五字母」，也就是 15 個聲母和 45 個韻母。比如「功」的聲音標注為「公一求」，意思是拿「公」字的韻母 ong，讀第一聲，再配上「求」字的聲母 k，合起來拼成 kong 這個聲音。講起來還蠻違背現代人學拼音先聲母再韻母的方式（例如「ㄅ、ㄚ、巴，一聲ㄅㄚ」，它卻是「ㄚ，一聲ㄚ，ㄅ、巴」）。

　　在外國人來到臺灣之前，臺灣人都用這樣的拼音方式。其實後來不管什麼新的拼音方式傳進來，都有一撮臺灣人堅持使用這種最傳統的切音法，至今仍有地方性的臺語推廣班在教「十五音」系統，甚至認為臺語若不用這種系統拼音，拼出來

01《彙音寶鑑》

沈富進，1954 年
初版

02《增註雅俗通
十五音》

謝秀嵐，1869 年

01

02

的音就不正確。數百年來這種韻書在臺流傳甚多，有清朝同治己巳年（1869年）出版的《增註雅俗通十五音》，或戰後極為流行的《彙音寶鑑》等。

　　切音法「一家獨大」的情勢，到了清末終於被外國人打破。自從1860年臺灣開港通商之後，外國傳教士進入臺灣，也將歐洲的羅馬拼音符號引進，叫做「白話字」，為臺灣語言書寫注入了活水。馬偕和甘為霖兩位傳教士都用羅馬拼音編輯過臺語字典，巴克禮還創辦了全部用羅馬拼音書寫的《臺灣府城教會報》。不過，在這個時期，羅馬拼音僅只在教會中使用，對於一般漢人而言，看到一堆像豆芽菜的符號就害怕，再者如果要學，也得拉全家和朋友一起學才有用，否則學會了也沒有人可以通信。所以羅馬拼音雖然易學易懂，卻只能在教徒

03

03.04《臺灣地誌及言語集》

———

岩永六一著，清水光憲編，1895年

　藏書之家

問使用。

　　沒多久，外國人的勢力又來了。1895 年，《馬關條約》尚未簽訂，日軍已經「偷跑」打下澎湖，並且立即著手編輯《臺灣地誌及言語集》，以日本的五十音假名拼音，是日本人最早出版的臺語教材。可惜由於時間倉促，音韻系統並未全盤掌握，拼音旁邊甚至完全沒有標注調號。日本對臺語制定出標準的假名拼音符號，得從伊澤修二這個人說起。

　　日本統治臺灣後，語言學家伊澤修二興奮莫名，認為精通

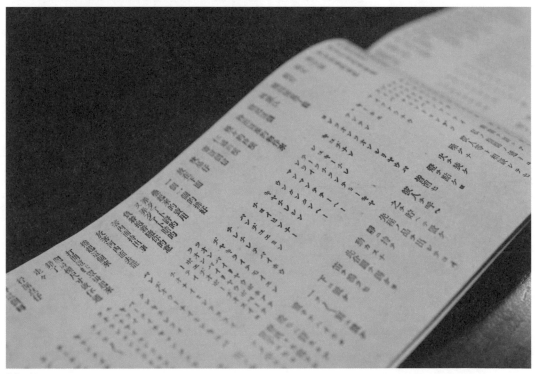

04

05.06《臺灣十五
音及字母詳解》

伊澤修二，1896
年，臺灣總督府民
政局學務部

05

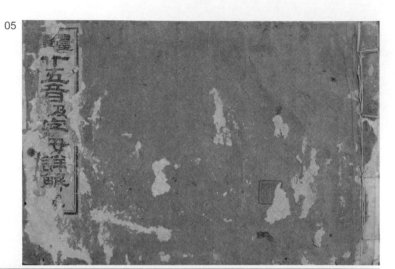

06

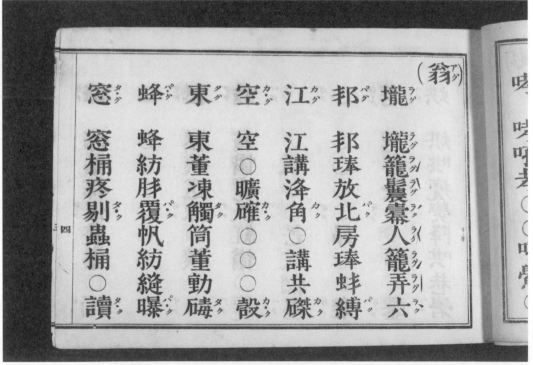

北京官話的他可以在臺灣人展身手。但伊澤修二來到臺灣之後，赫然發現臺灣人不講官話，只好立刻投入研究臺語的工作；日治第二年，《臺灣十五音及字母詳解》出版，奠定了日人研究臺語聲韻調符號的基礎。這本小冊子雖然以日本五十音順序編目，但聲母與韻母以及聲調的搭配，依然採用臺灣傳統「十五音」、「四十五字母」、「八音反法」的系統，可見伊澤修二在編纂這套符號時，曾經參考過民間的韻書。

在參考民間傳統韻書，制定出拼寫臺語的假名符號之後，日本語言學家就利用這項工具進行臺語研究。各種字典、辭典、語典、諺語典，甚至各種物產調查紀錄下來的各地方音，皆附以假名拼音。由於日語教育從基礎教育推行有成，日治中期之後，臺灣人也接受了這套拼音符號，臺灣人撰寫的臺語教材也常標注假名拼音，例如以日文重新標音註解傳統教材的《圖解日臺千金譜》。傳統的切音法，從此不再是臺語標音的首選。

除了假名拼音符號之外，教會人士也試圖把羅馬拼音推廣到社會之中，在這段期間，宗教性的書籍固然用「白話字」書寫，但有些非宗教性的書籍也開始出現白話字。例如英國傳教士余饒理的《三字經新撰白話註解》以羅馬字標音並註釋三字經；劉青雲的《羅華改造統一書翰文》內容是傳統尺牘，加上臺語註釋、羅馬字標音；蔡培火的《十項管見》則全以白話字書寫，是臺灣史上第一本社論專著。

蔡培火可以說是其中推廣臺語教學的活躍人物。他除了出

版《十項管見》之外，也積極開班讓民間大眾、婦女學習羅馬字。然而此舉觸犯了臺灣總督府，認為他違背國家推廣日語的教育政策，研習班屢被禁止。後來他接受前臺灣總督伊澤多喜男（就是前文提及日人伊澤修二的胞弟）的建議，改良日本假名拼音，「整形」為「新式臺灣白話字」，認為使用源自日文的符號便不算違反國策，但想不到開班依然受阻。蔡培火的這套「新式臺灣白話字」曇花一現，除了出版一本薄薄的《新式臺灣白話字課本》以及在日記中書寫以外，在世界上就沒留下什麼痕跡了。

進入中華民國時期，蔡培火大為振奮，以為終於可以大展身手推行臺語拼音運動了。不料新的政權雖然在初期曾制定「方音符號」，但政策依然獨尊「國語」、打壓「方言」，方音符號的制定者朱兆祥在臺失去舞臺，最後遠走新加坡。不過蔡培火天真得很傻氣，他在戰後接收了方音符號的寫法，繼續出版了許多臺語教材，可惜影響力不大。

總而言之，每個拼音法各有優缺點。切音法的優點是藉由繁複的切音及八音練習，對於漢語聲韻學能有更深的體會（例如漢語聲韻學認為入聲「兼承陰陽」，當初大學上聲韻學課時，大家聽得鴉鴉烏，我卻一聽就懂）；缺點則是不夠科學，與現代語言學的習慣相差較大。羅馬字的優點是一百多年來留下了非常龐大的語料文獻，以音素為單位書寫的符號也很科學；缺點則是看似英文的羅馬拼音，與民眾的語文習慣有所隔閡。假名拼音的優點與羅馬字相似，日本人在日治半世紀之間

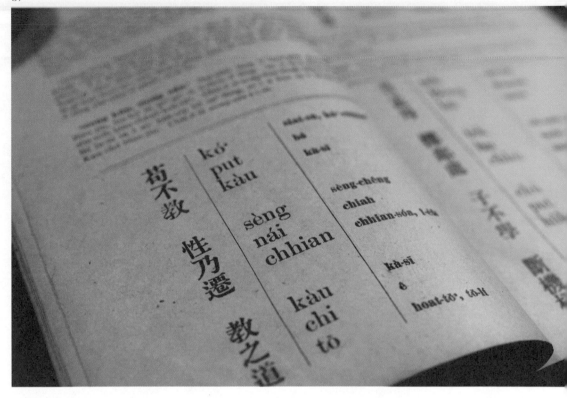

也留下了極多語言紀錄，若能學習假名拼音，日文也起碼能讀出聲音，可謂一舉兩得；然而在今日推廣假名拼音的話，必定被扣上「皇民」、「奴性」等政治帽子。方音符號的優點是能與華語注音符號銜接，對一般民眾而言，學習最為省力；缺點是它是音位符號，兩個音節可用一個符號代表，與現代語言學習慣有點落差，還有一個缺點──它是國民黨帶來的（有部分人非常在意）。

07《三字經新撰白話註解》

余饒理，1894年，臺南聚珍堂

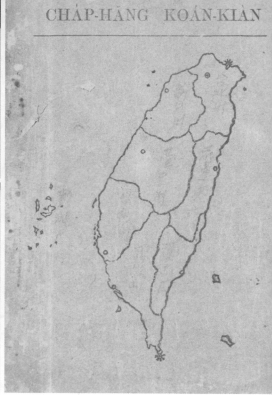

09

08《羅華改造統一書翰文》

劉青雲，1925 年，臺南新樓書房

09.10《十項管見》

蔡培火，1925 年。內文以白話字書寫

因為我每樣都學過，我對這些符號並沒有什麼意識形態，反正每一種都能拼出正確的音。不管發明者是誰，工具好用是最要緊的。在手寫時代，每種符號寫起來都差不多，然而進入21世紀之後，情況有了明顯的改變。

　　記得小時候陪著老爸去參加臺語音標研究會議，看著會議場上諸多臺語學者爭得面紅耳赤，各自擁護自己山頭的拼音符號。最後「羅馬字幫」揚言：「方音符號在電腦打字還要造字，一定會被淘汰！」方音符號幫則回應：「要造字就來造字啊！大家不是說電腦萬能嗎？造個字很難嗎？」這口氣雖大，但其實這些學者在90年代大多沒碰過電腦，完全是電腦白痴，這樣反擊純粹只是出於意氣。時至今日，電腦普及的程度已非二十幾年前可預見，人人家裡何止一臺，連手機也成為隨身電腦了，人類可以說沒有了電腦資訊就寸步難行。在這樣的情勢下，最便於打字傳輸的羅馬字脫穎而出，其他拼音法在學界已經極少有人堅持使用。

　　聲音釋放進空氣中，就再也追不回了。所以為了留住每個字的聲音，每個人都用盡自己的辦法來標注，於是聲音可以藉由閱讀來保存。從舊文獻中，我們除了「觀音」，還可以看出每個民族、每個時代的特性。競爭了一百多年的臺語拼音，在今日終於塵埃落定，或許完成得太遲，但總是語言推廣上的一絲光明。

《千金譜》的未解之謎

《千金譜》流傳甚廣，
然而此書依然神祕，
溯源、改寫、標音、正字、註釋，
一部著述，各自表述。

　　古時候的傳統教育，主要有兩個方向：一個是為了參加科舉考試而準備，除了研讀四書五經，還要修習《唐詩合解》、《童子問路》、《七家詩選》等，加強詩文造詣，以期有朝一日能像范進中舉，讓老丈人呼一巴掌：「該死的畜生，你中了什麼！」也甘心；另一種讀書的方向則不求仕進，研讀的書籍是雜字、尺牘，只求能夠記帳寫信，在商行裡謀求一職。後者研讀的雜字經典，在臺灣最具代表性的，當推《千金譜》一書。

　　根據我講課時對群眾的調查，現在幾乎無人聽過《千金譜》。然而在一百年前，有誰不會吟誦幾句「大曆九包五，三落百二門」、「閹雞趁鳳飛，雞囝綴雞母」？兩岸共同推崇的連爺爺他爺爺連橫連高祖就曾紀錄過：19 世紀末的臺灣人，花

一點小錢買本薄薄的《千金譜》，不必到學堂花那八年十年寒窗苦讀，幾乎只要自修就能應付日常用字和各種器具名稱。

　　不過，這一本曾經流傳甚廣的教材，竟然有許多未定、未解之謎。光就版本而言，近幾十年來諸家為此書做了溯源、改寫、標音、正字、註釋，然而尚無讓各家信服的版本能夠定於一尊。何也？首先是《千金譜》的作者、著書年代及地點皆不詳。一本在近一、兩百年內編撰，流傳這麼廣泛的童蒙教材，竟然成書的作者、時間不為人知，甚至連作者到底是福建人還

01 各種版本的《千金譜》

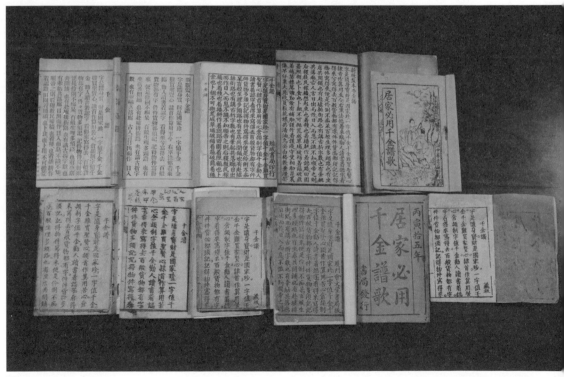

01

是臺灣人都無法確定，世間還有比這更神祕的麼！

　　吳坤明在 2005 年出版的《正字千金譜》序文中，推測《千金譜》的作者是個「數櫃先」（siàu-kuī-sian），也就是個帳房先生，理由是全書對於商業規矩、商品名稱瞭若指掌，但結尾提起各種農具，則顯得凌亂匆忙，草草結束，可見作者並不熟稔於農事。此外，作者還不只是個一般的帳房先生，很可能如同內文所說：「一妻一妾賢且美，就勸丈夫做生理。」是個受到少東的妻妾委託，跟去蘇州陪著談生意的老掌櫃——這極可能還包括了「監視」的任務，因此當少東在蘇州包二奶，「交膚貼肉同床枕」之後，這個老掌櫃可以長驅直入少東臥房，直斥「若不轉鄉里，恐畏生理綴伊去」，嚇得少東差點縮陽入腹。

　　這就是至今我們對《千金譜》作者的所有認識，頂多猜測他是個資深帳房先生，然而姓甚名啥，依然一無所知。

　　最早考據《千金譜》成書時間的文獻，應是家父黃哲永在《中國文化月刊》所發表的〈臺灣鄉土文化的寶典——千金譜〉一文（252 期，2001 年），他在文中提到自己藏有清咸豐年間臺郡松雲軒版《千金譜》，而臺北百城堂舊書店主人林漢章則曾見過道光年間的中國刻本。對照兩人說法，幾乎可以確認《千金譜》是道光年間成書，除非有更早的文獻出現。

　　另一個線索，是《千金譜》的內容提及廣東、蘇州、天津、泉州等通商口岸，這些港口確實是道光年間採辦貨物的重要市場。再對照臺灣的發展狀況，自雍正 3 年始，由商行組成

的「郊行」從臺南興起，貿易範圍遠及廈門、香港、漳州、泉州、上海、寧波、天津、煙臺等港，船運與商業極為發達。進入乾隆中後期，商業發展由南往北移動，鹿港、萬華、新莊等地也發展出郊行，正是臺灣俗諺「一府二鹿三艋舺」誕生的背景。然而這種「郊行」盛景到了咸豐10年，天津、北京條約開放外國商船入港後，逐漸被「洋行」取代，而在《千金譜》中並未出現與外商聯繫的洋行或買辦等行業。以《千金譜》內容「重商」的程度來說，「洋行」的出現不太可能被遺漏，因此可以作為本書成於道光末、咸豐初的佐證。

由於書裡完全沒有提及任何年號，難以考證，只能就書中提及的貨品再作更精細的考察推測。例如裡頭有一句「阿片塗，兩隻半」（鴉片土兩艘半），從這個句子可以把鴉片公然寫入教材中，就可以推測當時鴉片應當是合法或者弛禁的。清國原本就有使用鴉片的風氣，然而漸漸成

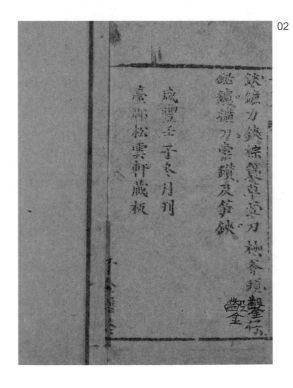

02

02 《千金譜》

臺郡松雲軒版，
1852 年

害，至嘉慶皇帝時下令禁止從海外進口鴉片，雖然無法禁絕走私，但也使鴉片從合法變成非法；因此，若是在這個時間點，是不可能將「阿片塗」寫進教材裡的。

再更進一步談，道光年間，官方依然禁止鴉片，甚至有官員提議吸鴉片者處死。但是在1842年鴉片戰爭結束後，清廷被迫簽訂不平等條約，公開認可英國賣鴉片進清國。因此，我認為從「阿片塗，兩隻半」這句來看，《千金譜》應成書於1842年之後。綜合前述，《千金譜》應是在道光22年（1842）起，至我父親自藏最早版本的咸豐2年（1852）這十年範圍內編寫的。

再說成書地點。通篇文章並未提及臺灣地名，且在伙計勸他「轉鄉里」之後，「海面生理，望天保庇，順風相送，緊赴過年」，回鄉過年時「直到廈門泉州城」，既然過年返鄉是到泉州，可以知道成書於泉州的可能性是極大的：畢竟《千金譜》有點像是作者的「自傳體小說」，把自己熟悉的故鄉寫進去再自然不過。雖然書裡曾出現烏魚子等臺灣名產，然而當時臺灣對中國輸出農產、乾貨，換取中國的木料、石材、布匹，進口是非常盛行的商業行為，因此無法作為此書成於臺灣的有利證據。

然而主張成書於臺灣者所抱持的證據是：一、《千金譜》在中國毫無名氣，以網路搜尋所得，整理研究者都是臺灣人，中國論壇偶有文章，也是引用臺灣網站的。二、吾家藏有《千金譜》咸豐壬子年（1852年）臺南松雲軒版，是極為古早的版

本，而在中國則相當罕見各種版本《千金譜》的蹤跡。三、書中出現「田園千萬甲，公館百二庄」一句，而「甲」此土地單位為臺灣僅有。（但關於這一點，學者翁佳音曾提出反駁，認為「甲」並非荷蘭帶來的單位，仍是中國傳來。）

如何解釋這些矛盾？合理的解釋只剩兩種：一是本書成於泉州，暢銷於臺灣，在泉州反而失傳。二是此書是住在臺灣的泉州人所撰，雖在臺灣撰寫流傳，但內容依然以作者熟悉的泉州故鄉作為舞臺。

自《千金譜》成書之後，成為熱賣長銷的保證。有些《千金譜》雖由不同書店印行，版型卻一樣，大概是延續清代以來書店、紙行間可以借版代印、經售分銷的互助傳統。

然而，也有一些《千金譜》的版本連內容都有所改變。比如書中主人翁到蘇州時包的二奶「蘇州婆」，舊版本說她「紅嘴唇，烏嘴齒」，但日治之後的版

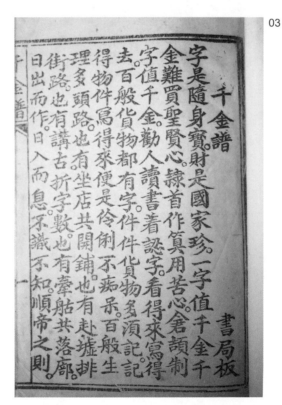

03

03《千金譜》

未刻明出版者的「書局板」

本逐漸出現「紅嘴唇，白嘴齒」，比較符合現代審美觀。不過依據考證，中國百越後裔一直認為女子齒黑為美，因此會用雞屎藤等植物把牙齒染黑，連日本江戶時代也有如此風尚。

進入 20 世紀後，又出現了《新版監本千金譜》，更改了一些詞句。例如原本的「隸首作算用苦心，倉頡制字值千金」，改為「隸首作算用至今，右軍法帖著來臨」。

各版本《千金譜》用字不同，也是個問題。古時沒有統一用字，文字相當的「野」，出版者或抄寫者認為該怎麼寫就怎麼寫，到了現代，論述《千金譜》諸家如吳登神、黃哲永、吳坤明等，因見識、學術背景、參考資料各不相同，各自用的「正字」也互有異同。於是隨便翻開看一句「也欲食，也欲租」，有寫做「也望食，也望租」，也有寫成「也卜食，也卜租」。現在教育部已經逐漸公布建議用字，然而至今尚無人整理以教育部建議用字來印行的《千金譜》。

用字問題還不算大，只要有人出來整理一個教育部建議用字的版本，至少是一個各家「不滿意，但可以接受」的最大公約數。問題更大的是發音問題。古來漢人的書籍就極少逐字標音，更別說是《千金譜》這等小書，連作者、出版項都不錄了，怎能指望會有注音？雖然全書是以泉州音押韻，用漳州音、廈門音來讀並無害理解。但是有些詞彙到底是用文音或語音讀？這牽涉到對指稱的事物之認識程度。比如說「萬年紅，蓋漳盤」，這「萬年紅」是要唸成 bān-nî-hông，還是 bān-liân-hông、bān-nî-âng？其實「萬年紅」是一種廣州出產的紅紙，原

料是紅丹（化學成分是四氧化三鉛），有劇毒，通常當書前後扉頁防蟲；當今寫書法所謂「萬年紅」用的是硃砂，化學成分為硫化汞，已經與明末清初所用的萬年紅不同了。正因為現在已經沒有當年的「萬年紅」紙，沒有人講、也沒有人聽過，因此也沒有人敢百分百確定其讀音。

但讀音的問題，老實講也還不難。嫌吳登神在 80 年代田調的發音還不夠老、不夠道地？最早有逐字標音的《千金譜》版本，大概是昭和 17 年（1942 年）由張春音所標音的《圖解日臺千金譜》了，全書逐字用日本片假名拼音，保存了日治時代《千金譜》的發音。

最後也最大的問題是註釋。這些大約是兩百年前的老東西，有些恐怕已經消失一百年了，就算觀落陰去問阿祖都不見得田調得出來，於是也就沒有人敢輕易接下註釋《千金譜》的工作。前輩老文人吳登神在 1984 年發表《千金譜註解》的跋文當中也說：「筆者早在十年以前即思欲註解此書，因資料準備未全無從下筆。」但「不從速著手，則他日此書必無人能理解也」。

也正因如此，現時各家對《千金譜》所記載的部分名物，自然有著不同的理解和詮釋。例如剛剛提到的「萬年紅」，吳登神即認為是胭脂而非紅紙。還有一句「石青、金黃、哦囒盤」不知考倒多少文史學者──「石青」指暗綠色，金黃是金黃色，「哦囒盤」在吳氏著作註為「插花之盤」；然而吳坤明卻認為「哦囒」是紫紅色，這樣才能與上文「石青、金黃」

04《圖解日臺千金譜》

張春音譯，1942 年，寶文堂書店

等顏色類疊。又有人認為「哦囒盤」應寫成「牙囒盤」，因為「牙囒」是一種質地堅硬的木頭。嗚呼，簡直是俠客島上的石壁俠客行，一部著述，各自表述。幸好我後來透過其他資料證明「哦囒」一詞是從西班牙語「grana」而來，確認是紅色的意思沒錯。（詳見輯五〈幾則臺語語料的考證〉一文）

以咕狗大神尋找《千金譜》，所有提及的、研究的、教學的資訊幾乎全部來自臺灣網頁，中國網頁提到《千金譜》者，也幾乎全是轉錄於臺灣。令人疑惑的是，既然《千金譜》很可能成書於中國泉州，何以與臺灣比較之下，相關研究與討論的篇章竟如此不符比例？曾詢問兩位學者，一曰不知何故，可能《千金譜》在福建反而失傳了，因此少見有人研究。一曰在整個中國而言，《千金譜》不過南方一隅自個兒流行的基本啟蒙書，所以中國學者並不看重其價值。

是耶？非耶？我期待《千金譜》的身世、內容與傳播過程，能有水落石出的一日。

幾則臺語語料的考證

「虎蹄」、「吉紅」、「哦嘓」、「笑」，
到底是什麼？
「啊！泏（tshiók）著王矣啦！」
又是抓到什麼好東西？

一、義美的「虎蹄」與「吉紅」

有一年歲末到義美門市逛逛，打算採購一點年貨回家，無意間看到一種小點心，包裝上印著「寸棗」——這是一種用糯米粉搓成條狀，先炸過再裹糖漿的過年點心——然而在「寸棗」大字底下，又有兩小字「虎蹄」，這我可就想不透了。

「虎蹄」是啥？馬腳的硬甲叫馬蹄，但老虎的叫虎爪吧？翻到後面看成分，看到海苔，才恍然原來是「澔苔」（hóo-thî）（ㄏㄜ ㄊㄧˇ，海口腔唸ㄏㄜˊ ㄊㄧˇ）的俗寫。我想起小時候讀《千金譜》，在甜點部分曾經讀過這一項，翻出咸豐壬子年（1852 年）臺南松雲軒的《千金譜》，印象無誤，裡面就有「澔苔」的紀錄。

《千金譜》是什麼書呢？它是一本早年流傳在臺灣的識字

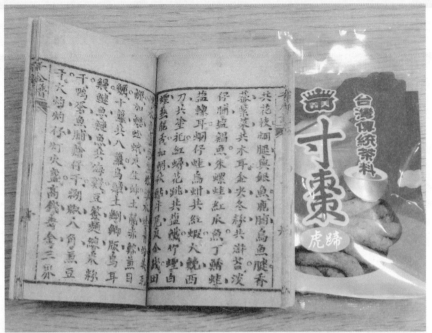

01 義美「虎蹄」
包裝

02《千金譜》中
所紀錄的「滸苔」

書，內容大量列舉各種名物，讓讀者能快速認識市場常用商品的名稱寫法，以便學習一年半載後便能到店鋪擔任記帳工作，強過當「青盲牛」一輩子握鋤頭。

當別人在食品包裝上印著「海苔口味」的時候，只有義美故我用著「滸苔」的講法，俗寫成「虎蹄」印在包裝上，也不管合不合時宜。

不久後，再度逛義美門市，又見到一樣怪異的產品——產品本身很常見，然而商品名稱很怪異，叫做「吉紅」。有了上次「虎蹄」的經驗，我懷疑「該不會又是什麼點心的失傳老名

03 義美「吉紅」
包裝

04《千金譜》中
所紀錄的「桔紅」

03

　藏書之家

稱？」我心中又隱約浮現幼時默念《千金譜》的印象。

回家翻《千金譜》一查，在列舉點心類名物時，果然有這句「桔紅、紅棗、雲片糕」。經搜尋得知，「桔紅」（kiat-âng，又寫成橘紅、吉紅等）傳說是清道光年間在福建發明的一種甜點，是用糯米粉、糖、金桔做成的軟糕，在結婚典禮時由新娘端出請賓客吃，因此又稱「新娘糖」。說穿了，也就是現代人熟悉的「水果飴」。

某日傍晚在菜市場，恰好遇上一攤製作水果飴、花生糖的攤位，詢問老闆有沒有聽過「桔紅」，老闆說沒有。希望臺灣的老餅舖、食品行能堅持固執，不止是把老滋味傳下來而已，還能把背後的語言文化底蘊傳承下去。

04

二、「哦嘣」這種顏色

　　前文提及，《千金譜》作為「記帳訓練手冊」，內容紀錄了大量清朝百貨：從農具、建材、碗盤、水產、甜點、金銀紙、點心、乾貨、布料……應有盡有。然而由於這本書據推測應寫於道光、咸豐年間，距今也有一百多年，許多東西早已被時代淘汰，連名字都失傳了，造成內容有諸多疑點。其中不管寫法還是念法都相當特異的「哦嘣」，一直是我掛記著的詞

彙。（有關《千金譜》成書的考證，詳見本書輯五〈《千金譜》的未解之謎〉一文）

「哦囒」一詞原句是「石青，金黃，哦囒盤」。石青與金黃都是布料顏色，殆無疑義；然而「哦囒」一詞，眾說紛紜，據說是紅色，又有人說是某種硬木，也有人認為就是「荷蘭」。

後來在查證之下，得知在 1873 年出版的《廈英大辭典》與 1883 年的《英廈辭典》中，都收錄了另寫為「呀囒」的詞彙，唸做「giâ-lan」（漳州腔為 hâ-lan），是深紅色、胭脂色的意思。另有延伸詞彙「giâ-lan-bí」（呀囒米），就是提煉紅色染料的胭脂蟲；不過又有詞彙「giâ-lan-jī」（呀囒 jī）則是一種硬木，常作為船錨；或說「哦囒」是木頭的出典，原來在此。

以「呀囒」作為關鍵字繼續延伸搜尋，可以找到中國的網路論壇，得知目前福建仍有這說法。然而繼續搜尋下去，發現原來這詞並非閩南或臺灣專有，在上海話亦寫為「呀囒」，其他有「呀囒」詞條之語言或文獻尚有清朝粵語翻譯教材《華英通語》；20 世紀初香港的《唐字音英語》亦寫「呀囒」。

然而為什麼寫做「哦囒」或「呀囒」呢？多年來我無從知曉，只能猜測應該是外來語。多年以後，偶然在書店翻閱一本敘述染料歷史的書籍，找到了英文「grain」一字，語源從西班牙語「grana」而來，意為「種子」，但也是「胭脂蟲」（長得像種子）的意思，胭脂蟲則是紅色染料的重要來源。

「grana」？我拼讀之後靈光一閃，西班牙語「grana」讀起

來，就像「哦嚕」（呀嚕）。原來如此！這一來，音義都符合了。讀書之樂樂何如？想了好幾年的問題，終於在此刻獲得解答。

三、只要是狗，都叫「S」

小時候，阿媽喚家裡的土狗為「ㄝˊ・ㄙㄨ」，讀如「S」的臺語口音。

我一開始以為牠的名字真的是「S」。長大之後回想起來，又覺得怎麼會用字母「S」當名字呢，便開始懷疑是阿媽亂喊的。後來我爸跟我說，阿媽看到狗都叫牠「ㄝˊ・ㄙㄨ」，所有的狗都是「ㄝˊ・ㄙㄨ」，就好像現在的小孩看到狗都叫牠「狗ㄍㄡˇ」一樣。聽了父親這麼說，我便猜，「ㄝˊ・ㄙㄨ」應該是日語的「狗」。

想不到我一開始的猜想是正確的，阿媽口中的「ㄝˊ・ㄙㄨ」，當真是日語的「S」。

某一日在網路亂連時，逛到日本的 YAHOO 知識家網站，有人問起為什麼以前的人都叫狗「エス」（ㄝˊ・ㄙㄨ）。有人回答這是日本剛開始有西洋人活動時，聽西洋人都這樣叫狗，後來日本人就跟著這樣叫了。

日本有名的「忠犬八公」故事，忠犬主人上野英三郎養的狗除了八公之外，還養了兩條狗，都取洋名，分別是 John（ジョン）和 S（エス）。可知當時日本人似乎很喜歡把狗取名為「S」。不過這個「エス」是「pets」（寵物）、「Beth」（貝絲，人名，「伊莉莎白」的簡稱）還是源自哪個外來語，就無

人知曉了。

而在查詢臺灣日治時代的一些警犬資料，裡面也有叫「エス」的狗。夏瑞紅為陳柔縉《囍事臺灣》所寫的序文中，更清楚地點明：「早在日治時期，臺灣人家就盛行為狗取洋名，是崇洋西化的結果，像『エス』（音同Ｓ）就是當時狗狗的『菜市仔名』之一。」

「Ｓ」、「エス」、「ㄙㄟˊ·ㄇㄨ」，從西洋傳到日本，從日本傳到臺灣，留在老一輩的口裡；日本人的「エス」變成有性虐待（SM）意義的詞彙，似乎自己也不這樣叫狗。在臺灣，取而代之的是「來福」、「小白」等名字，我也已經很多年沒聽過人家叫狗「ㄙㄟˊ·ㄇㄨ」了。

四、「笑」不只一種意思

在《千金譜》中，曾經提到「壓覆笑」（teh khap-tshiò）這種賭博遊戲。詳細玩法因為我吃喝嫖賭皆不沾，並不清楚，不過教育部的「臺灣閩南語常用詞辭典」有收錄「撚匼笑」（lián-khap-tshiò）一詞，解釋為「轉動銅板以停止時的正反面定輸贏的一種賭博方法」，所以「壓覆笑」就是擲硬幣的賭博，講得更通俗點就是「猜正反」的遊戲。

蔡伯龍《官音彙解》也有「拔覆笑」（puàh khap-tshiò）的詞條，對譯為清朝官話為「跌陰陽」；「扑覆笑」的對譯為「打字番」。這些詞彙大概都太久遠或太俚俗了，我完全搜尋不到資料。但還是可以想像的，硬幣可以分陰陽兩面，所以叫「跌

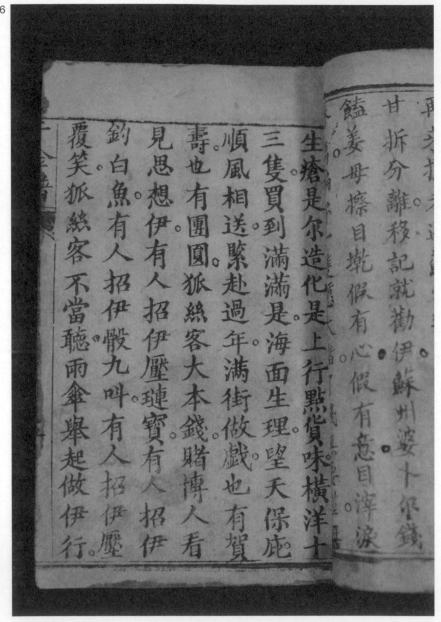

覆笑狐綵客不當聽雨傘舉起做伊行。
鈎白魚有人招伊骰九叫有人招伊壓
見思想伊有人招伊壓璉寶有人招伊
壽也有團圓狐綵客大本錢賭博人看
順風相送緊赴過年滿街做戲也有賀
三隻買到滿滿是海面生理望天保庇
生瘡是尔造化是上行點貨味橫洋十

餚姜母擦目墘假有心假有意目滓淚
甘拆分離移記就勸伊蘇州婆十保錢
再羗拔去逃邏...

陰陽」（不是按陰陽）；至於為什麼又叫「字番」，指的應該是西洋銀元吧，一面有字，一面有洋人頭像（番頭）——順帶一提，「擄人勒索」的臺語叫做「擯番頭」，就是歹徒向人狠狠「敲銀元」的意思。

在此岔開來講一講《官音彙解》這本書。此書成於清代，當時皇帝覺得閩粵一帶的官員，講起官話聽著甚為難受（所謂「天不怕、地不怕、就怕老廣說官話」），下令請閩粵地方官多多推廣「官音」，大體上說來約略是現在的華語。於是漳州人蔡伯龍就編成本書，將閩南話與官話詞彙對照，讓閩南鄉親可以輕鬆學華語。想不到兩三百年後，華語人人會講了，但這本書要倒過來讀，從華語詞彙對應學閩南語。

回到「壓覆笑」這詞。那為什麼「覆笑」（教育部推薦用字為「匼笑」）是正反面的意思呢？因為在臺語中，「覆」就是朝下，「笑」就是仰天。前者容易理解，「笑」和仰天有何關係卻較難想像。

或許我們可以回想：在廟裡擲筊時，擲出兩陽面（兩平面朝上）叫做「笑杯」（或「笑筊」），因此仰天就是「笑」，是神明笑而不答的意思。可是為什麼這樣就是神明在笑？仰天到底和笑有什麼關係啊？難道是仰天長笑這麼瀟灑啊？

解答或許就在《官音彙解》的另一頁。它說「覆槽」官話叫「陰瓦」，「笑（瓦）」官話叫「陽瓦」。這是過去三合院屋頂瓦片的建築形式，簡單地講，屋頂上的紅瓦，凹面朝上像微笑的嘴，叫笑瓦，作為盛接雨水的溝槽；凹面朝下像哭泣時

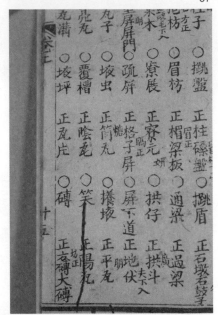

的扁嘴，叫哭瓦。

我想可能就是從屋瓦的「笑瓦」，引伸出「仰天」、「朝上」就是「笑」的意思，再延伸到擲筊平面朝上的叫「笑杯」，以及硬幣正反面稱為「覆笑」。從古籍偶爾看到詞彙，觸類旁通，翻翻找找，一下午就過了，獲得原本不確定的知識，心滿意足。

五、兒童遊戲時的術語

偶然翻到《民俗臺灣》的文章，想起許多鄉村童年往事，雖然不過二、三十年之事，有很多已然在現今社會消逝，在我記憶裡也模模糊糊了。信手記下，或許可以為後來者做一些考證上的資料。

在 1943 年 2 月發刊的《民俗臺灣》第 3 卷第 2 號中，有一篇黃連發撰寫的〈臺灣の童戲〉，他提到：自從支那事變（盧溝橋事變）之後，由於日語教育的普及，連臺灣小孩玩遊戲時所用的「術語」，都夾雜了日語。例如遊戲用的「寶物」道具，會以日語稱之為「王」（オン）。

這讓我想起，我童年的 80、90 年代故鄉，也是這麼稱呼遊戲中使用的道具，念成「óng」（ㄨㄥˋ），但是童年已遠，我不太記得實質上會將什麼東西叫成「王」，可能是踢罐子的那個罐子，或者玩尪仔標的指定目標牌。不過我可以肯定的是，男孩會把自己的小雞雞也叫「王」，比如說男生互抓小雞雞──這遊戲有個術語，叫「倉庫掠鳥」（諧音「穿褲掠鳥」，也就是把手穿進人家褲襠抓小鳥）──如果被抓到小雞雞，就會慘叫：「啊！浞（tshiȯk）著王矣啦！」

因為讀到這篇紀錄，讓我想起更多遊戲的「術語」，這些術語並非「一放雞」或「一的炒米芳」之類的遊戲歌，遊戲歌由於有系統性、連續性、韻律性，反而經常成為臺語童謠教材，持續至今仍有人傳唱。我這裡提的是遊戲間要叫喊出來，更瑣碎的片語。

比如說玩捉迷藏，還記得抓到人之後要喊什麼嗎？

　　捉迷藏——臺語稱為「覕相揣」（bih-sio-tshuē），我故鄉稱為「覕姑揣」（bih-koo-tshuē），又訛音為「美國揣」——需三五人齊玩，選一根柱子，作為當鬼者趴著數數的基地（我們稱為「電」，大約是電器要回插座充電的意思，跟今日的掃地機器人能自動回插座充電有異曲同工之妙；不過也有人認為是「殿」），當鬼者趴在柱上數至一百，大喊「無咧覕佇柱仔頭前後壁頂懸下底邊仔，啊無做鬼一百遍，開始！」（不能躲柱子的前後左右上下，違者當鬼一百遍！）然後當鬼者四處找人，當躲藏者（姑且稱作「阿明」）被鬼看到時，鬼和阿明要馬上跑回柱子，如果阿明比鬼先一步摸到柱子，並且喊「踏電」（tȧh tiān），雖然有被看到，但是不算被抓到；相反的，如果當鬼先摸到柱子，並且先喊出「阿明，一志（it tsì），踏電」，意思就是阿明是排序第一個被鬼抓到的，如此一來，如果沒有其他躲藏者被抓到，就換阿明當鬼。如果鬼發現第二個躲藏者（阿華），鬼也要趕快跑回柱子，摸到柱子並大喊「阿華，二志（jī tsì），踏電」，以此類推，鬼抓到躲藏者的時候，要依序喊出數字，而且數字後面要加個「志」（tsì），就算到六志七志八志……也一樣。

　　遊戲結束的情況有兩種，一種是所有躲藏者都被找出，被抓到的人猜拳當鬼；另一種情況是有人超級會躲，怎麼也找不到，鬼可以放棄找尋，大家要同時大喊「放牛食草」表示遊戲結束，躲藏者可以現身了。如果大家齊喊「放牛食草」後躲藏

者並未現身，表示他躲太遠了，要被揪出來懲罰的。

在這過程中，有幾個很特別的術語可以拿出來討論，一個是數順序的一志、二志、三志⋯⋯乃至 N 志，這種數字的念法，顯然是從日文的數字「一」（いち）（i chi）來的，然而日文的「二」並不念成「ni chi」，小孩們想當然耳的便把臺語的二後面加上「chi」的音，以為這就是日文了。很特別的是這種數數法只有在捉迷藏使用，或許捉迷藏是從日本傳來的遊戲。

另一個有趣的術語是「踏電」，這種講法可能是較現代才衍生的，因為涉及到電器要回插座的概念，但如果是「踏殿」，那年代就可以很古老。就我所聽過臺灣各地還有「救雞」、「K打」等講法，之所以會喊「救雞」，可能是因為這個遊戲又稱「掩咯雞」，也就是當老鷹來的時候，要把家裡的小雞藏起來的概念，也就是說當鬼的人是老鷹，躲藏的人是小雞，而躲藏的人跑出來摸到柱子大喊「救雞」，表示自己已得救沒有被老鷹擄走，這種講法或許是最早的捉迷藏術語。「K打」這個詞的來源比較費解，有些地方念成「ㄅㄧ打」，有人說可能是從日文的「みつけだ」（mitsikeda，找到了），但是究竟是不是呢，也不知道，可能得考察日本玩踢罐子的時候是否也會這樣喊。

更令人費解的是「歐斯咪K」的講法，有「歐咪斯K」、「歐斯K」等變體，意思是暫停，搭配雙手交叉或比成 T 字的手勢。這句話通常在鬼抓人時，當鬼快要抓到自己的時候大喊，這樣鬼就會去抓別人，有了這個絕技就跟打電動可以無限接關一

樣犯規,可是這個語詞到底是從哪裡來的,一直沒有定論。有人說是從日文的「お空け」來的,意思是空閒。無獨有偶的,在上海也有「奧斯亮開」、「奧斯兩百開」等講法,據說是從洋涇濱英文「pause and break」(暫停休息)來的。如果「歐斯咪K」真是從上海話來的,那麼很有可能這是從臺灣眷村傳出來的講法。要考證這件事也不難,只要去田野調查兩件事:一是詢問家裡的長輩,在日治時期是否聽過「歐斯咪K」的講法;二是調查有「歐斯咪K」講法的地區,附近是否有眷村。

另外,我童年時還有一個詞語叫「匏仔」(pû-á),意思是在旁邊跟著玩的幼兒,通常是遊戲者的弟妹。他們跟著大家一起玩,但不算進勝負裡,因此也不當鬼。純粹是讓他們在旁邊跟著亂跑,讓他們以為有參與感的。

這些遊戲術語,在今天的校園幾乎聽不到,難怪現在的小朋友都不會玩捉迷藏了。

臺灣戰後
國語熱

 對全臺灣人而言，
最難的，是要捲起舌頭去學新的國語。

　　與鄭成功、史豔文並列民族三大救星的先總統蔣公把萬惡的、發動 918 事變的、導演盧溝橋事變的、扶植偽滿州國的、縱容南京大屠殺的、意淫釣魚臺的小日本鬼子從臺島趕走以後，臺灣終於從鬼島躍升為美麗的寶島。臺灣光復，普天同慶，大家為了迎接祖國官員的接收，本來在日治時代被打壓得抬不起頭來的漢文教育，又重新抬起頭來，而且這次還要大聲用國語來朗誦呢。

　　「國語」這詞彙，對 1945 年年初的臺灣人而言，是日語；然而對 1945 年年底的臺灣人來講，是中華民國的北方官話。嗚呼，教改像月亮，初一十五不一樣，原來這句話古已鑑之；這下子，大家趕緊把「あいうえお」的課本丟了，改學ㄅㄆㄇㄈ去也。

臺灣從清代已有之的書房（私塾），在日人領臺初期，由於兵馬倥傯、時局動亂，大家不是去殺敵就是被敵殺去了，書房一度減少，幾乎瀕臨關閉；後來全臺大致平定，大約是 1897 年之後，大家在武士刀底下乖乖過日子，為了找黃金屋、顏如玉，又讀書去了，書房數目激增。日人看書房教育已經根深蒂固，也不敢輕易撼動，大約是怕有流浪教師問題（不是好嗎）。加上當時公學校尚未普及，士紳大多支持傳統漢文教育等因素，日人只得睜一隻眼閉一隻眼，讓書房發揮公學校範圍所不及的教育功能，不過之後對書房的約束越來越多。1903 年之後，臺灣的書房數目開始減少，後來根本是像退潮一樣地銳減；少數書房死撐活撐，熬到 1943 年全臺實施義務教育制度，全面禁止書房教育，才退出教育舞臺。

01

　　戰爭結束了，臺灣人又可以重新書寫漢文，然而這漢文說

來有些尷尬——只有老一輩讀過書的人才會寫，年輕一代受的是日文教育，漢文寫不出來。不過對全臺灣人而言，最難的，還是要捲起舌頭去學新的國語。

難歸難，國語還是要學的。於是各地書房的招牌又從瓦礫堆中扶起，漢文先又教起漢文。當時在中國所用的小學課本尚未來臺，在戰爭結束到小學課本來臺之間的兩年內，是一段沒有課本的空窗期，漢文先便拿起以前慣用的《初級漢文讀本》，或用國語、或用臺語、或用客語來教學。至今仍有不

01.02《國語會話教科書》
——
明心文化研究會編，1945 年，臺北國華書局

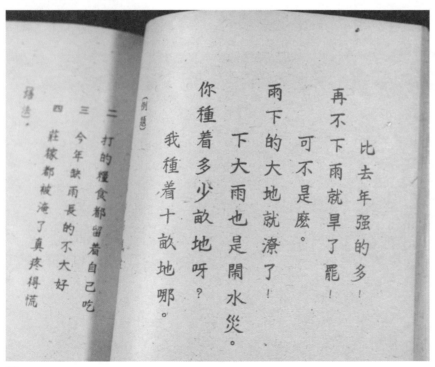

02

少七八十歲的老阿伯，四處打探哪裡有人賣當年他們誦念的「人，人有二手，一手五指⋯⋯」

但是這套漢文讀本，只能算是「一部教材，各自表述」，各族群用各族群的語言來讀。真正完全就是編來學國語的教材，就我所看過最早的文獻，大約是明心文化研究會編的《國語會話教科書》了。

這本《國語會話教科書》，出版時間為 1945 年 11 月 10 日，比張良澤老師在 1977 年《中國時報》發表〈臺灣光復初

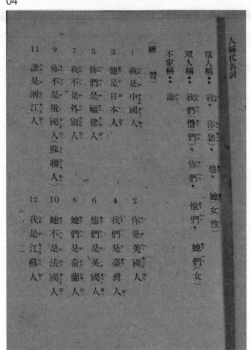

04

03.04《國語廣播教本》

林忠編著，1945 年，臺北臺灣實業公司

期的小學國語教本〉，內文所說張氏所寓目最早教本——林忠編著的《國語廣播教本》——還早出版了 18 天。

　　然而，要論發行量、知名度、影響力，還是當推林忠編著的《國語廣播教本》。此教本出版日期是 1945 年 11 月 28 日，也就是距日本宣布投降後三個月就生出來的，不可謂不猴急。林忠（林海濤）一得知日本投降消息，大概連昭和天皇的玉音放送都還沒講完，就馬上伏案著手編寫這套教材了吧。當時臺灣沒有國語注音符號的活字印刷，還是他馬上請人鎸刻出來的。當時銷路不錯，據說印了幾十萬本，還有盜版流傳。大家

拿著書，固定在每天晚上七點到七點三十分聽著廣播對照著書來學（這怎麼讓我想起高一那年讀《大家說英語》的情景），這就是臺灣第一波國語熱。

林忠是臺灣廣播電臺臺長，後來發生 228 事件，民眾包圍電臺時他也曾出來交涉，牽扯入事件中。這自然是另一個故事了。

就我所收藏的戰後初期國語教材，除了上面兩種課本，還有《標準國語講義錄》四冊，這四冊其實早在 1942 年便已發行，當時名為《標準中國語講義錄》。戰後，直接把書拿來，把「中」字去掉改名叫《標準國語講義錄》就可以出版了，內文甚至還是日文講解。當時政府體諒大部分臺灣人懂日文不懂漢字，是暫時允許日文出版品的。

當時國語熱延燒全島，各大小單位都紛紛編輯國語教材和字典，以利國語自修和教學。上述幾種教材，只是拿出個人相關藏書做代表而已。我未曾寓目過的，天下還不知有多少。

上述的漢文讀本、《國語廣播教本》、《標準國語講義錄》等，畢竟只是自學用的教材。1946 年，《民報》刊載了一則這樣的新聞：「本省接收伊始，情形特殊，國定本教科書，不盡適用，教育處有鑑於此，特由教材編輯委員會編輯國民學校暫用國語課本甲編五十課，供一二三年級之用。乙編五十課，供四五六年級之用……」中國用的的課本還沒來，就編個臨時的課本頂著先，這就是《國民學校暫用國語課本》產生的因緣。

05 左為日治時期的《標準中國語講義錄》
（1942 年），右為戰後初期的《標準國語
講義錄》。

06《標準國語講義錄》內頁

07

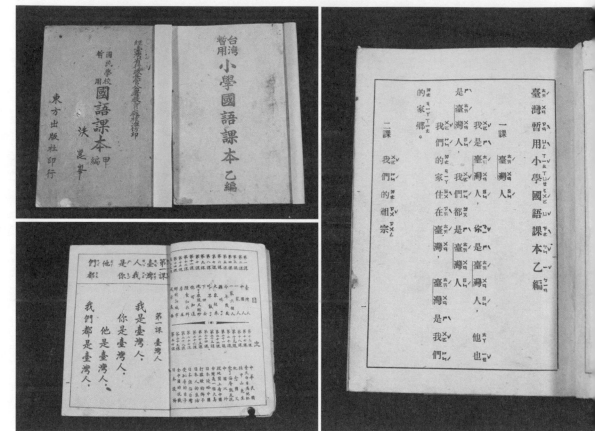

07 左為《國民學校暫用國語課本》甲編，右為《臺灣暫用小學國語課本》乙編

08 《國民學校暫用國語課本》甲編

09 《臺灣暫用小學國語課本》乙編

不過話說回來，戰後書房「漢文先」能教國語的，畢竟還是少數，尤其後來大家進入國民學校就讀，學國語自有官方教育體制安排。所以戰後的書房，仍以閩南語或客語傳授傳統文學為主。曾購入數本老筆記本，封面署「民國四十三年」，內容為手寫《幼學故事瓊林》及《指南尺牘》等，除了抄錄內文之外，在筆記本空白處另抄錄了該頁之難字，外加閩南語諧音字或日文標音。由此可以證明遲至終戰之後，民間尚有人進行傳統啟蒙教材的修習，並且仍以臺灣傳統學習漢文時，所用的閩南語文讀音誦念；筆記本中另抄錄臺人黃錫祉所撰《千家姓》，也證明這本編撰於日治時代的蒙書，確實在民間書房流傳、誦讀著。

　　不管用什麼語言去學習，看到這些趕在戰後第一時間就編印出版，甚至可謂克難的各種讀本和手抄筆記，臺灣人孜孜好學，埋首苦讀的景象就彷彿呈現眼前。行文至此，我決定把以前畫滿塗鴉的筆記本燒了，免得傳到百年之後，成為歷史文獻落後人口實。

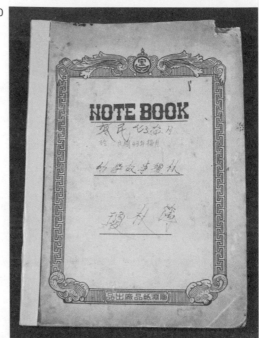

10

10.11 戰後初期在民間書房
的上課筆記

11

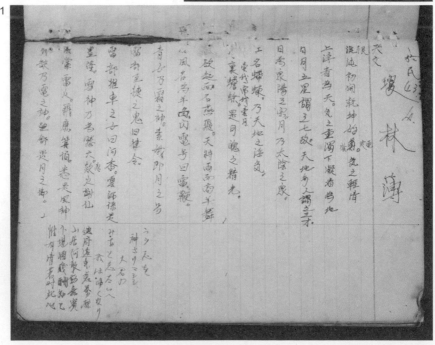

輯六

番外篇：老媽也來參一腳的古民藝故事

二十四

東山一派不着衣裳形容古怪曲來捕人
相似妖怪行人謹慎莫持瞻大金銀不要
愛人頭臉一年殺人不計其個專取人頭
身屍留在禍因番割勾通番怪火藥鉛銃
館刀器械猪酒鹽物偷入山賣交換鹿茸
利息深昔無教育野心最壞國有善治
撫遺分派大教化變夷特別招待番童學校樂
教育漸近人情知禮所在人民安樂
國恩蒙大買賣土地批墻岡為定田園屋租
稅單憑業父母遺產

掃刷塵埃帝印玉璽官印篆號印色圖章
花押字號原差捉人有票有憑若無印票
嚇騙良民廉獎區額豎旗牌坊忠孝節義出
不得歸宗芳迷賭食花害人咒自家男女逐出
永古流芳姦拐滅倫混乱族中
桑上走下人去食人飯受苦無若尖好食
捲算換家寫富不仁刘海成家聖
走上走下人無食人做勞

前言

　　這一輯的九篇文章，全由家母撰寫，因此文章裡面的「我」是家母自稱，「老公」是指家父，讀者切莫以為我突然「性轉」了。

　　老爸生性好古、愛讀書，幸好我的老媽也有同樣嗜好，所以不至於發生兩人吵架之後太太一怒把老公收藏品全部丟棄的慘劇。在第一輯〈父親成為「藏書家」的因緣〉曾提到，在阿公過世後父親就收入了一大批舊書，不久也搬進了新家；可謂是阿公庇佑，時來運轉，家裡經濟也漸漸轉好，此時爸媽開始把閒錢花在臺灣老家具、古民藝上。

　　當時臺灣股市狂飆、經濟起飛，許多家庭一夕之間成為巨富。很多人有了錢，便把老房子拆掉改建，老屋的零件如石獅、石珠（柱礎、柱子的底座）、磚、瓦、斗栱、牌匾……流入舊貨市場，屋內的菜櫥、大板椅、八仙桌、紅眠床、書櫃、屏風，乃至更小的日用品如碗盤、瓶子、盒子、玩具、文房當然更不用說了，有如洪水一般湧入舊貨攤。當時要進嘉義市區的北港路上大約就有十幾家古民藝品店（不講究嚴格定義的話，通常也俗稱「古董店」），我們家當時常常原本預計進市區辦事，行經北港路便沿路逛古董店逛過去，逛完了天也晚了，還沒進城便折返回家，完全忘了原訂計畫是什麼。

老媽雖也好古、愛讀書，但方向還是與老爸有點不同。要說愛書的狂熱、挑書的眼光，誰能與我爸較量？挑書買書的工作交給他就好，老媽則轉往小東西的收藏，如古玉、茶壺、民藝品等。

玩了幾年老東西，珍品沒收多少，聽到和遇到的故事卻著實不少！於是老媽日前便回憶往事，把幾則圍繞著老東西發生的故事紀錄下來。如今臺灣老屋該出清的都已經清得差不多了，缺乏第一線的來源，市場大多是收藏家和店家之間彼此賣來賣去，北港路上的古董店也不知不覺間消失，只剩少數有深厚底子的店家如「一百年前古民藝」高老闆還經營著。

到古董店泡茶交流、人山人海的古董拍賣會、神祕的年輕販子、落魄的兜售者、因舊貨而結識的朋友、有靈氣的古玉、邪門的老件⋯⋯這些事情都離今天好遠了，就用這些文章，來紀念那個一去不復返的古民藝盛世吧。

古董販仔的刁難

販仔知道老公眼光甚準，
這本書能「承蒙」這位行家「垂問」，
定非凡品也……

　　1970、80 年代，當時臺灣景氣正好，大家紛紛拆老家、蓋新樓，大批的原木舊家具、古書字畫，或其他石雕、木雕擺飾，像垃圾一樣被清出來，丟在路邊。不過所謂「你丟我撿」，總是會有人眼光獨特，感覺特別敏銳，能預知這些垃圾以後會是奇貨可居的寶貝。所以就出現了一批俗稱「古董販仔」的商人，開卡車到鄉下挨家挨戶蒐購，或在路邊撿拾。

　　當時的古董販仔互相之間並不時興用金錢買賣，而是以物易物，稱之為「交流」。交流是須靠眼光或專業知識的，他們會互相安慰：「兄弟仔狗，釘來釘去，釘無哀的啦！」意思是說：大家親得像兄弟一樣，互相交流時，有時輸、有時贏，輸的時候不用心痛哀號！下次再向他贏回來就好。

　　因許多古董販仔不懂舊書，那時候舊書也沒人要買，老公

就專收書籍。古董販仔都說：「我這青暝牛毋捌字，我嘛袂曉開價。」所以老公去選購時，都是由老公自己開價，他們也欣然接受，因為那些古書，有些原就不用本錢，是買舊家具時，順便幫主人清出來的「垃圾」，有些是論斤買的，現在算本賣，不管怎麼賣都非常划算！

誰知久了之後，販仔知道老公眼光甚準，挑中的書不會是垃圾，就當成奇貨可居了，販仔自己亂開價，老公總是要曉以大義：「無啦！這本是普通冊爾，無彼个價值啦！」

等老公闖出名號了，去到古董販仔家，原本一堆書破破爛爛地丟在屋子角落，老公問：「彼堆是啥？」他說：「彼的攏是無愛的，準備欲提去擲掉。」老公去翻翻，挑了幾本書，問價錢多少？古董販仔立刻搶過去，說：「這我家已欲留的，無欲賣！」老公為之氣結！

之後，老公再也無法向古董販仔買書了，因為只要他選中的書，他們就認定絕對是什麼珍品，非常寶貴。要不，就是別人詢問價錢時原價甚低，老公問起價錢時書突然就漲價了！不是販仔刻意刁難不賣，而是認為這本書能「承蒙」這位行家「垂問」，定非凡品也。

甚至到後來，在舊貨市場看到用淨白棉線、新裁牛皮紙縫製封面的線裝書，這些販仔都紛紛走告這種書不要買：「看這就知影是老黃整理過的，連伊都無愛，想欲脫手矣，可見這無價值！」

老公常遺憾沒有早幾年去蒐購古書，因為他隨身攜帶一本

線裝書，遇到古董販仔就拿出書來當樣本，問有沒有這種書？常聽他們說：「這一、兩年前足濟的，規布袋，攏無人欲買！攏佇回收場賣予紙廠，絞做紙醬矣。」老公急急地問：「這馬咧？」「這馬少看著矣！」真是令人扼腕！這種話聽在愛書人耳中，實在是錐心之痛啊！

　　自然，這也是三、四十年前的往事，現在要在民間第一線找到線裝書，已經等於是奇蹟。偶爾經過古民藝行，進去詢問有沒有收過舊書，老闆總是搖頭說「現在很少了」。那種以極低價格購得線裝書的年代，早已不復返。

因收書
而入獄的學弟

「我先生沒叫人去拿書！那個去拿書的，
是不是鼻子尖尖的、鬍子翹翹的、
還拿著一根釣竿？」

人生聚散本無常，恰似雪泥鴻爪，隨緣就好。

若干年前，曾逛一古玉市場，場內竟然有一舊書攤，老公趨前看書，年輕的老闆攀談之下，知道同是愛書人，所以相談甚歡，就互留名片。

想不到老闆一看老公的名字，大呼：「你就是黃哲永！？」老公說：「是！你怎麼認識我？」老闆激動地說：「學長！我非常崇拜你哩！我有買你的散文集，喔～看得哭到不行，你以前實在太可憐了！我每次看每次都哭！」

原來老公少年時期寫過一本散文集，專門寫當時在臺灣各工廠流浪的經過，這本書流通量極少，臺灣也沒幾間圖書館找得到，他居然「拜讀」過，也真是知音了。不過真有這麼悲慘嗎？好啦，四處流浪打工也是有點可憐啦。

老公遇到「粉絲」樂不可支，算起來也是高中差很多屆的學弟，兩人越談越熱絡。學弟問老公有無某一套書，因有客戶指定要買，但他找不到貨。我家當然有！不二話就答應賣給他，請他到家中來拿。此後也就常來調貨。

這學弟也是太天真，並不諱言他從我家買的書，一轉手就賺多少錢。有時一轉手就賺一倍價錢，也太好賺了吧！我聽了多少有些不滿，但老公心胸寬大，說就學弟嘛，只靠賣舊書為生，讓他多賺些也不為過。老公也跟他買了不少書。他的書大多是各縣市、各機關的出版品，一般書店極難覓得，又有很多是非賣品。那倒也奇怪，他是怎麼拿到的？

幾個月後，我參加一個縣政府舉辦的活動，主辦小姐吞吞吐吐地跟我說：「某某某是你們的親戚嗎？」她問的正是學弟。我回答：「不是！怎麼了？」她說：「前幾天他到縣府，說是您先生叫他來討書，問他要什麼書？他說只要是縣府出的書都要！我拿出書來，他說他也要一份。」

我大驚：「怎麼這樣？我先生沒叫他去討啊！妳有給他書嗎？」縣府小姐說：「我想說老師需要參考資料，就拿一堆書給他了。他沒拿給你們嗎？」沒有啊小姐，我真是好尷尬！

幾天之後，接到一通某市政府的電話：「喂～師母嗎？我們剛出版的那本書，老師看了有什麼意見嗎？」我說：「我看報紙知道出版了，您有寄來給我們嗎？謝謝啊，我還沒收到耶！」

那人說：「老師不是叫人來拿了嗎？」什麼？竟然有人扛

著老公的名號到外縣市去騙書？我無奈地說：「我先生沒叫人去拿書！那個去拿書的，是不是鼻子尖尖的、鬍子翹翹的、還拿著一根釣竿？（姑隱其形，只好假借知名飲料「波爾茶」的商標人物形象）」「是啊！那他以後如果再來……？」我想他此行徑雖然可恨，但也是個愛書人，就告訴他：「我先生絕不會叫人去討書的。他若再去，你可以給就給，不然就拒絕吧！」

幾個月後，遇到一位任職某公家機關的舊識，他告訴我：「上個月我收到一封信，說妳先生需要一些書，開了一堆書單，叫我寄給他，他再轉交妳們。」

我一聽氣炸了，怫然地說：「不要理他！居然騙到你那裡去了！」就和對方細數這廝最近的惡行。應該不只這三例吧？其他沒來「報案」的單位，也不知有多少？此刻，我們恍然大悟，難怪他公家出版品這麼多！以前不知拿何人的名號去撞騙！（學弟，看你有多傻！你學長的名號實在是吃不開啊！）

此後他來家裡，我就擺臉色給他看，跟他說不能這樣啊！你學長的名譽都被你破壞了。而他知曉東窗事發，也不敢再來了。

平靜了一年多，突然收到他的一封信，大約是說他因案要入獄一年。原來被人告發，說他偷公家書刊；在他家確實搜到許多公家出版品，還有蓋有公家印章的書刊。雖然每本都是他四處去要來的，但百口莫辯，只好入獄。

入獄前，他想多留一些錢給老父，懇請老公去他家選些書

買下。又請老公帶幾本線裝書送他，好讓他在獄中讀。我不太高興，質疑為什麼一定要帶線裝書入獄？他解釋：線裝書輕薄體積小，不佔空間。（有道理！監獄空間太小。）而且，線裝書避邪。（但他是入監獄又不是入地獄，避邪幹嘛？）不過奇怪了！為什麼我們要買他的書，而我們的書就必須送他？

哎，算了！也是個孝子啊！老公就去買了一堆書回來，成全他的孝心吧！當然也送了幾本線裝書，讓他帶去獄中好消磨無聊的時光。

從此就不再有他的消息了。一定程度上這也算好聚好散吧。

有靈性的
玉雕持荷童子

若沒有討回玉童，
朋友的命運是不是就不一樣了？
那段有玉童陪伴的一年多日子，
竟然是他後半輩子最順、最快樂的時光。

漢民族的傳統圖樣中，「持荷童子」又稱「磨喝樂」，是梵文的音譯，有人認為他是釋迦牟尼出家前的兒子。根據《東京夢華錄》記載：兩宋時期，每年的七夕節，無論是達官顯貴還是平民百姓，都用「磨喝樂」來供奉牛郎、織女，借此來實現「乞巧」和「多子多福」的願望。持「荷」，取其諧音「和」之意，寓意為家庭和樂。

三十年前，我在一家古董店的櫃中，看見一個白玉雕刻的持荷童子，它玉質細緻溫潤，渾身白淨，毫無斑點。童子眉目清秀，笑容可掬，造型圓肥，稚氣盎然，非常可愛！

童子如何擎荷枝，各個擎法不同；而這個玉童是把大大的荷葉遮蓋在頭上，就像鄉下兒童在郊野遇雨，摘下一枝姑婆葉當傘遮雨一樣。玉童手擎荷葉遮頭，雙腳並立，對著我笑。

古民藝界的說法：有時在店裡會看到有神像笑容特別可親，彷彿是對你微笑，那就是註定有緣，該買下來。當時我被它這麼一笑，神魂顛倒，問了價錢，實在是買不起！因古董店在舊書店旁，老公常要去找書，我就去古董店的櫃子前，痴痴地望著玉童，看著它對我笑！等老公找完書要走了，才依依不捨地離開。這樣有如生死別離的幾次之後，老闆被我的誠意感動（不耐煩了），降價賣我，不過還是很貴啊！

　　玉童大約有 8 公分長，是立體雕刻，所以我戴起來太重了，只能在手上把玩。

　　買來不久，一位遠方的朋友到家中來。他自結婚後，老婆與一手帶大自己的外婆不合，也不歡迎朋友去他家，更不喜他出門，所以他已經很久沒上門了，這次是忍不住跑來吐苦水的。老公私下跟我商量：「妳不是說『持荷玉童』有家庭和樂的作用？借他戴嘛！他實在太可憐了！」──話說老公一向信奉「科學至上」，對於各種超自然現象一概不信，今番不知怎麼福至心靈，竟然要求讓朋友試試古玉的庇佑。

　　我很捨不得，但老公這樣哀求了，也只好答應，但強調：「只是借他喔！不是送的喔！等情況變好，我就要討回來了喔！」其實老公重友情，只要能幫朋友渡過難關，送朋友也無怨無悔。不過他心想：「先答應太太，能借到玉童再說！」老公也跟朋友言明只是暫借，我眼巴巴地望著他把玉童掛在脖子上，依依不捨地看著他騎機車離去……

　　不知是否真的是佩戴玉童的效用，朋友從此漸漸平順了，

老婆和外婆的磨擦減少，長期的胃潰瘍也不再發作。他打電話來或偶爾來我家，終於有笑容了，我們也是很欣慰！玉童被他長期貼身佩戴，玉質越發通透、溫潤。

我私下跟老公說：「可以討回來了嗎？」老公說再讓他多戴一陣子，讓他情況再好些吧！

就這樣玉童在朋友家待了一年多。有一晚他打電話來道歉，說他出車禍了。我焦急的問玉童有沒有摔壞了（我竟沒先關心人有沒摔傷，罪過罪過）？朋友說玉童摔斷了一隻腳掌，感謝我的玉童替他擋禍，他只是輕微擦傷而已。朋友問它的價錢，他願意買下來。

因朋友的老婆看錢頗重，我不想賣給他，怕他花這一筆錢會引發家庭革命；一方面也心疼玉童摔斷腳，就要老公請他歸還。但也須找個藉口討，大家才不尷尬。我便跟老公說：「看他佩戴玉童，真的有功效，我弟也很辛苦，換借給我弟戴嘛！」於是藉這機會，把玉童要回來了。

藉由節日回娘家，和弟弟碰面時，拿出玉童給他，順便誇耀它的功效。弟說：「它已替人消災過了，沒作用了啦！」我急切地辯護：「不會啦！你看，它只是一隻腳掌受傷，小傷而已，它還可以走路啦！」硬逼著弟弟佩戴。

我弟體諒為姊的苦心，勉為其難地戴著回臺北。我欣然想像著弟弟一家和諧，從此過著幸福快樂的日子。

誰知不到一個月，接到弟弟的電話，告知玉童剛才摔碎了。原來他洗澡前拿下來放在桌上，洗完再拿起來佩戴時，玉

童竟然溜掉，摔在地上，破碎了～哎！

回頭再說那位朋友。玉童歸還我之後，他又開始走衰運，胃潰瘍一直好不了；老婆還是不體貼；他身心疲憊導致情緒不穩定，所以工作也就不順利，朋友又笑不出來了。

之後他更沉迷「柏青哥」和「猫仔檯」（bâ-á-tâi）的機器賭博，以前是直接發薪水袋的，他曾在領薪日當天，三、四小時內就把四萬多的薪水奉獻給那臺機器了。要知道，三十年前的四萬多塊算是很高薪的，因為他是有特殊專長的技術師傅。

從此，朋友過著被老婆冒罵，又到處向人借錢的日子。他一直想要翻本，但是越借卻輸得越多，陷入了越想翻本，越須借錢的惡性循環中。大家都互相誡別再借他錢了，這只是讓他越陷越深而已。但如此做，他又不諒解朋友的苦心，恨朋友不讓他翻身，竟然跟所有的朋友都斷絕了。

沒有朋友的日子，他越發痛苦，後來竟常常打電話罵人，我們也被罵過幾次，有時還是在半夜打來的。此後，真的恩斷義絕了。

偶爾我們談起往事，總會憶起他，老公常說若沒有討回玉童，朋友的命運是不是就不一樣了？那段有玉童陪伴的一年多日子，竟然是他後半輩子最順、最快樂的時光。

據說古物會自己找主人，或許玉童喜歡那位朋友做它的主人，我只是促成他們因緣的媒介而已。所以，玉童離開相依一年多的主人之後，寧願跳到地上摔碎？還是這塊玉聽到我弟說「它已經幫人消災過沒用了」而真的「寧為玉碎」？當時朋友

聽說玉童破了，也抱怨我們將它討回是多麼的不智！

　　當然，玉童的功效，讀者可以視為偶然巧合或者心理作用；然而我玩古玉，對古玉的靈性是深信不疑的。對於討回玉童一事，我也很後悔，害朋友墮落，卻也沒幫到弟弟。哎！往事不能重來，誰也預料不到事後會變成這樣啊！

英雄識英雄

一套書從「噎脖子價」
降到一元，其中必定有詐！

　　我常稱讚老公是最聰明的「藏書家」。

　　有許多收藏家，像個守財奴似的，書只准進不准出。老公把一套資金充分運用，書蒐購進門絕不死守，若有適當時機、場合，也會臨時變身為「冊販仔」，他認為如此書籍才能物盡其用，讓需要的人能取得書中的資料，他又可再蒐羅其他書籍，真是一舉數得啊！（老公英明！！）

　　二十幾年前，某縣舉辦一個為期七天的古文物特展，場邊還搭建了一排簡易但古意盎然的攤位，歡迎跟這特展相關的物品去擺攤。老公特地請假三天，在開幕的頭兩天，和閉幕的最後一天去擺攤，他騎機車載一箱線裝書去賣。（老公，辛苦了！）

　　第一天收攤後，借宿在當地的同事家，隔天再去賣。

第二天結束回家時，天已暗了。晚上跟我敘述這兩天的情形。當然，口袋的錢掏出來是最重要的了。生意如何？嗯……不告訴你～～～

　　話說老公擺書籍的攤位，隔壁攤是當地的一位書法家，展售他的墨寶，兼宣傳他的書法班招生。老公和他交換名片，彼此參觀一下對方的展品。老公說那書法家的字非常靈活漂亮。我問怎不買一幅回來？「妳以為我們買得起啊？一才就要多少錢了啊！」

　　老公攤位陳列一套對聯的書籍，可說是書法家必備的工具書，書法家一空閒就來看，愛不釋手，想買，問了價錢。老公開了剛好是個「噎脖子價」──高不高，低不低，若再低點便可歡喜付錢帶走，若再高點也可坦然放下走人，可它卻剛好達到 CP 值臨界點的地方，不免讓人把書拿起了又放下，放下了又拿起，一邊搖頭一邊口中嘖嘖，如此重複好幾次。

　　書法家終究沒買那套書籍。

　　最後一天了，老公再去擺攤，隔壁書法家沒來。下午，老公提早收拾書籍離開。照名片上的地址，騎著機車到了書法家的工作室，老公拿起那套對聯線裝書走進屋，說：「老兄，我來向您道別，咱們後會有期了。」

　　書法家趨前熱烈地握手，說：「我今天事多沒去擺，正想忙完要去找您呢！」老公遞上書說：「寶劍配英雄，這套書應該是您的！」

　　書法家喜悅地接過書，說：「喔～這幾天我想這套書想到

睡不著，正想去跟您買呢！感謝您專程拿來。」書法家一邊說一邊掏出錢包。

老公說：「寶劍贈英雄，這是送您的！」書法家急急地拿出錢：「不行不行！初相識，怎可讓您送這麼貴重的東西！」

老公說：「那您拿一元給我，我賣您一元。」

書法家愣住了，一臉狐疑地望著老公，以為聽錯了。（其中必定有詐！從「噎脖子價」降到一元，落差太大了！）

老公再說了一遍：「您拿一元給我，我是賣您一元，就不是送的了。」

書法家激動地給一元，突然反身捲起工作檯上一幅墨汁初乾的中堂，塞給老公，說：「這是下午剛寫好，人家預定的，送給您！」

老公欣然接受。兩人各得所愛，真是圓滿的結局。

神祕年輕人的
「祖傳」古董

此君最神奇的地方是，
幾乎是要什麼有什麼，
而且不乏名家之作，
連陳澄波的作品都拿得出來！

　　若干年前，當時臺灣景氣正好，股票隨便買隨便賺，大家
有了錢紛紛拆老家、蓋新樓，清出來的大批舊貨流入市場，又
成為有閒錢的人們追逐的寶貝，因此古民藝店林立。當時有幾
位返鄉迴流的年輕人，共同在市區合資開一間店，他們邀集附
近的古董行、古民藝店和古物販仔，每週固定一晚開拍賣場。
若交易成功，場主可以抽一成服務費。那些拿貨出來拍賣的販
仔，為了熱絡場面，也會喊價買貨。

　　老公曾被要求拿物品出來拍賣。有一次，場上正拍賣著他
提供的鼻煙壺，讀小學的兒子原本在旁邊看熱鬧，卻一看驚
喊：「爸～～～『鼻煙壺』你哪會提出來賣？彼是我自細漢要
到大漢的呢！」老公趕緊答應搶買回來。

　　一定是眼尖又黑心肝的這些場主，看見老公自己屢加價錢

搶標，叫其他人跟著搶吧？眼看場中幾個人猛加價，兒子都快哭了。最後終於多花了幾倍錢買回來。

這是關於拍賣場的小插曲，言歸正傳。大約經過半年，拍賣場突然出現一位三十幾歲的年輕人，圓圓的臉龐，白淨的模樣。他只說姓陳（化名），要大家叫他「陳的」。住哪裡？「剛搬來貴地，想開古董店，但還在整理，所以家裡很亂，不能讓大家去。」電話幾號？「打我的 BB 扣，我會回電。」

每週的拍賣場，他有賣也有買，非常「阿沙力」。幾次之後，跟大家混熟了，預告下次帶好東西來，請大家錢多帶些來。

隔週，他拿出幾幅名家墨寶，大家看了，問價錢，當然非常高價。是真跡嗎？「笑話！當然是真的！你們都是內行的，不可能看不出來。」

大家心想：「看你這副樣子，不信你有錢可以買到這貨色。」便問貨是哪裡來的？

年輕人說了：「這是我家傳的，我祖宗歷代當官，不愛錢財珠寶，只要古董字畫。民國 38 年我爺爺從大陸撤退時，是帶三艘船的古董來臺灣呢！」因他行徑詭異，不讓人探究，從大陸撤退居然還能帶三船古董來臺，難道他爺爺是老蔣嗎？這番說詞大家自然當成笑話講。大家對他是又愛又恨，愛他有好貨，價錢也合理，也恨他說不出來源，每次逼問，他總是那一套：「我祖宗歷代當官……」所以，同好們每次提起這個人都是「恁娘咧！」忍不住罵髒話！因為他不說明來源，大家就不

敢買啊！怕是贓物，惹禍上身。

　　此君最神奇的地方是，幾乎是要什麼有什麼，而且不乏名家之作，連陳澄波的作品都拿得出來！有些古董商曾經偷偷跟蹤他，想知道他的底細，然而「陳的」警覺性甚高，察覺有人跟蹤，就到處亂逛把人甩開，反而更引人疑竇了。

　　有一天午後，「陳的」騎著偉士牌機車來我家（奇怪？這些販仔怎那麼會找？），老公不在家，我泡茶請他喝。他一再稱讚老公如何如何的棒，我又是如何如何的賢慧。我知道他不可能專程來我家稱讚我們，笑笑問他：「你要賣我什麼？」他說：「沒有啊，我到附近來，順便來拜訪。」「莫假啊啦！」他笑笑說：「妳真厲害！」

　　他去門外掀起機車座墊，拿出一只日治時期的高瓷盆進來，說：「妳有在種盆栽，這個賣妳成本價一千元。」我看它有裂痕，搖頭不買。「好啦！賠錢賣，五百！」我還是搖頭。

　　他再坐了一會兒，起身要走了，竟然就這樣空手走出去！我拿起高瓷盆追出去：「你東西忘了拿！」他說：「送妳啦！」我推辭：「不行不行！你拿去賣吧！」他很誠懇地說：「送妳送妳！這個有裂痕，沒有人要買啦！」真是傻眼！那剛剛還想賣我一千、五百的？此後那個高瓷盆，我一直都種著植物放在二樓浴室中。

　　一年多後，附設拍賣場的這家店由於年輕老闆們拆夥，拍賣場也結束了。聽說「陳的」又不知搬到哪裡去了，再也沒下落。

舊貨聚散，自有緣分，違法強求，切不可為。不知「陳
的」今日是否還在舊貨圈打滾？不知他「祖傳」的古物安在
哉！

神秘年輕人送的高瓷盆

藏書之家

源自嘉義
「龍師」石猴的奇緣

 正愁龍師的作品沒有買家，
今天居然天上掉下一個開口就要找龍師的人？
合著寶物自己吸引主人來了！

「古董販仔」之間的「互相交流」，也就是不以錢交易，單純以物易物的交換，各取所好，考驗眼力，真是個有趣又互助的交易方式。

老公因為蒐購舊書的關係，跟他們混熟了，也算是個「圈內人」，所以也想和他們「互相交流」，交換舊書以外的物品。但他們不要舊書，而且他們認為老公要丟出來的書，一定是不好的，他們心想：「連你都不要了，我怎可能去接？我又不是呆子！」可是，我家也沒有民藝品能拿出來和人家交流啊！於是，這個想要交流的心願，就一直這麼懸著。

有一天新認識了一個古董販仔，他真是我家的貴人。大家都叫他「土庫楊仔」，綽號「石頭戀的」，他酷愛石頭，只要是石頭外形類似什麼，或是石上的紋路像什麼，他就收藏。

老公初認識他時，拿書要和他「交流」，他不肯，他說：「冊我毋捌啦，你有石頭無？你提石頭來共我換。」他要的大約是拳頭大小至人頭大的奇石。

那一陣子，我和老公常常出去撿石頭，平時出門，眼光也總是在路邊搜尋，看見大小合宜的石頭，馬上趨前觀看外形或紋路像什麼？蒐集了幾顆，就興沖沖地去跟他交換其它的民藝品。這些民藝品就可以再去和其他的古董販仔「交流」了，所以說他是我家的貴人。

交流的過程中，可以以小換大，慢慢換到有價值的東西。我想起報紙曾報導過一則新聞：2006 年，加拿大有一位居民用一支紅色迴紋針，逐步換到一棟二層樓的房子，真是太不可思議了！

三十年前，我們用一些石頭，從土庫楊仔那兒換了些民藝品，這些民藝品又逐步輾轉換成了二座「素人藝術家」龍師雕刻的石猴。他雕的石猴造形優美自然，眼神生動，栩栩如生，真可謂巧奪天工，迄今尚無人能出其右。

龍師出生於日治時代，原為石刻工人，戰後在嘉義山上工作時，看到臺灣獼猴玩耍的樣子，深深為其著迷，遂以八掌溪旁的貝類化石雕刻成獼猴型態，成為獨具嘉義風味的藝品，不少外國人還慕名收藏。可惜龍師一輩子賣石猴只收低廉工錢，賺得飽飽的都是中間轉手的商人。

而我們換來的這二尊石猴，一尊是單獨一隻猴子手捧大桃子，另一尊則是三隻猴子相擁。

老公生性豁達，常說「曾經我眼即我有」，看過就是擁有了，轉手流出也不可惜。後來為了籌錢買房子，不得不考慮轉讓石猴，就陸續請了幾位古董商來看，但他們不願買，只淡淡地說：「現在沒人炒龍師的石猴，不值錢！」

幾個月後的某天下午，我們騎機車去一間古董店逛，那時店中有一位遠方來的醫生，正聚精會神地觀察一座關公騎赤兔馬的木雕。老闆當時正在與他開價，他不發一語，卻轉身問我們是何人？老闆介紹老公是「有很多書」的藏家，醫生突然問：「你有《紅樓夢》的線裝書嗎？」老公回答有，醫生站起來，說：「我去你家看！」

老闆傻眼了，這生意還沒做，怎麼客人就聯袂走了！老公為了讓老闆放心，趕緊向他說：「我們讓他開車載去，機車放你這裡，等一下我們還會回來的。」事後老公猜想，那醫生是要離開現場，轉換心情冷靜考慮，因為那座關公價格太高了。

在回家路上的閒聊中，醫生說起他有一困擾：「我的德國教授快退休了，他要回德國，我想送他禮物，想送一個可代表臺灣的東西，你看看送什麼好？」老公說：「你要送吃的？還是擺飾品？」醫生說：「送吃的，吃完就沒有了。我想送擺飾品，他回國後，看到這飾品就會想起臺灣。我想最能代表臺灣的動物就是獼猴了，而猴雕最漂亮的，就只有龍師的石猴，不知道要去哪裡買？」

什麼？我們有沒有聽錯？我們正愁龍師的作品沒有買家，今天居然天上掉下一個開口就要找龍師的人？合著寶物自己吸

引主人來了！老公說：「龍師的石猴？我家就有了，等一下讓你看看！」

到家後，先讓他看《紅樓夢》線裝書，醫生隨便翻翻，就放下，問石猴在哪兒？我搬出石猴，他選了抱桃子的那隻，問了價錢，立刻掏出錢包來付款，書不買了。奇怪？不是專程來看書的嗎？所以說，寶物會自己找主人，買書只是個引子，實際上機緣是落在石猴上。

回到古董店之後，他也買了關公木雕。大家皆大歡喜。

消息傳得真快！售出石猴之後，圈內人都知道了。一位古董商立馬打電話來，表示那尊三隻猴子的他要買。來拿貨時，一直說另一尊的才漂亮，嫌這尊差多了。這伎倆誰不知道啊？他嫌貨只是想打壓價格罷了。也罷！讓大家都有錢賺，就給他一個他滿意的價錢賣了。

後來聽說他轉手賣出很高的價錢，那些古董販仔酸酸地說：「當初你如果賣我，我可以出較高價錢買。」你嘛好啊！當初不是都讓你們來估價了嗎？盡說些風涼話。

幾年後，龍師過世，市場開始炒他的石猴了。據近年報載，他的作品大多賣到國外，臺灣存貨極少，目前市價在二、三十萬間，不知是真是假。但是，有錢也買不到了啊！

當時幸好還有照相偶然留下石猴的身影，因器材限制只能拍出模糊形象，然而事隔多年，石猴生動的表情與滑潤的觸感，在我記憶依然鮮明。

贓物送上門

一位壯年男子背著行李，
牽著小女孩，帶著東西大老遠送上門，
這表示一定要賣給我們……

　　若干年前的夏天，接到一通陌生電話，顯示號碼開頭是02。一男音警戒地問：「某某先生府上嗎？」我以為是邀聘老公講課、評審，便愉快地回答：「是！請問哪裡找？」他又問：「妳是他太太？」「是！您好！」

　　接下來，男音陰惻惻地訴說老公的「豐功偉業」及生平。我驚疑地直問：「您是誰？您怎麼知道？您要做什麼？」

　　男子最後才解釋，舉凡老公被報紙雜誌報導的文章，他都留下來，不時還拿出來細讀、畫重點，所以對老公的一切非常熟悉。他想把收藏的古書字畫賣給我們。

　　老公下班回來，我興奮地描述這位「超級粉絲」。這晚，老公回撥無數次，要問他都收藏些什麼？當時是還不流行手機的年代，只能打市內電話，結果都打不通，應該是對方話筒拿

起來了，這是過去市內電話防止外人打來的方法。

第二天他又打來，我說昨晚你的電話打不通，他說晚上不接電話，也未多解釋，就要我們去他家看貨，也不給住址，只交代坐計程車到某處，打電話給他，他就來接我們。

我聽了覺得很詭異，就請他拿去舊書店賣，他不肯，一定要賣給我們。我打電話給熟識的收藏界朋友，敘述這件事。朋友斷定這是贓物，千萬不要買，不然會惹禍上身，而且猜他一定不敢在臺北賣。

我不禁懷疑：晚上話筒拿起來，是去「辦事」嗎？之後他再打電話來，我就直接回絕了。

十幾天後，酷熱的午後下了一陣雷陣雨，我坐在門後看書，好像聽到遠處有人在打聽我家是哪一間？我等著，結果沒人上門來，難道是我聽錯了？

一個多鐘頭後，有人來了，一位壯年男子背著行李，牽著小女孩，原來就是他。小女孩告訴我他們來一個多小時了，一直在外面繞。我說那怎不進來呢？男子說開車南下，在半路遇大雨，父女倆衣服、頭髮都濕了，不好意思進來。怎不關車窗啊？男子解釋車子老舊，沒冷氣，關上窗子太熱了。我拿餅乾給小女孩，她問男子：「爸爸，我可以吃嗎？」男子說可以，她就愉快地吃起來。

他是帶貨來給老公看的。我一愣，東西大老遠送上門，這表示一定要賣給我們就是了。不久老公下班了，男子先要求看老公的收藏，看了，他嗤之以鼻：「這也算收藏？還有呢？」

老公回答沒有了。男子不相信，老公說：「我浪得虛名而已！」

換他拿出貨來，一張水墨畫，非常破舊，但畫工洗鍊，非泛泛之輩所作。我因為要等垃圾車來，就出去了，小女孩跟著我到屋外騎樓。垃圾車未到，我順便先掃門口，她來搶掃帚，說她也要掃地。我趁機問她幾歲？「五歲。」媽媽呢？「死了！」妳怎麼知道？「爸爸說的。」讀幼稚園嗎？「沒有！」小女孩沒認真掃，直跟我嬉鬧。還告訴我：「爸爸說，妳們買了，晚上帶我去吃麥當勞！」我苦笑，心想可要讓妳失望了！

屋內傳來爭執聲，小女孩丟下掃帚，跑到門邊喊：「爸爸？」門內回應：「沒事！」小女孩放心地再拿起掃帚跟我玩。

我丟完垃圾洗好手帶她進屋。男子神色沮喪哀戚地收拾字畫，老公也滿臉悲傷，朝我擠眉弄眼努嘴。我莫名其妙看著這兩男人。小女孩滿面歡容地問：「有買嗎？」男子搖搖頭，小女孩立刻垮下臉來，快哭了，但強忍著沒哭。我心抽痛了一下，我也快哭了。

男子牽起小女孩走了，老公送他出去，一路道歉：「你的東西太珍貴，我買不起！你拿去臺北店家賣，會賣得好價錢。」男子無話。

送走他們父女，我和老公對坐也泫然欲泣，老公說他好想拿五千元塞給他說您走吧，但不買卻又拿錢給他，怕人家誤會是看不起他。

我問為什麼起爭執？老公說男子逼他買，說一張幾萬元的只要賣他五千。但收藏界朋友交代千萬不能買，所以老公考慮直接給他五千但不買。可是怕這樣會侮辱了他，所以不敢貿然行事。

　　我問老公是贓物嗎？他點頭。「你怎知？」「因為大都是名家的，而且太舊了，很像是掛在老屋中幾十年沒整理，被偷出來的。」——所以，朋友說，極可能是贓物，他家電話開頭是 02，他絕不敢就近在臺北賣。

　　這件事情按理說就這樣結束了，然而有件事情依然一直掛在心頭。

　　事過多年，孫女五歲這一年來，我不時想起這個小女孩。五歲的孫女，有疼愛她的阿公阿媽、爸爸媽媽、外公外婆，還有幼兒園的老師、同學陪伴她學習、玩耍。孫女回來嘉義，也常要求去吃麥當勞。我想起那小女孩什麼都沒有，要吃一餐麥當勞也不可得……

　　如今那個小女孩也長大成小姐了吧？多年來我常常想著：我們究竟是誤會了她爸爸，或者是她爸爸真的鋌而走險、做了違法之事？

　　但願天下所有家庭都不必受物資匱乏而苦，祝福天下所有的孩子都能快樂長大。

靈異的
北魏劉氏古玉

古玉佛小巧古樸，
但一聽老闆說起祂的「邪氣」，
大家都打退堂鼓了。

　　以前有一陣子，我特愛玩古玉，買了不少古玉的書籍來讀，也常去逛玉市、古董店，但多是看看而不常買。因為，唉，實在買不起啊！

　　有一回，去朋友開的古董店泡茶閒聊，我眼尖看見老闆後脖子上有絲線，因是藏在衣服內貼身掛著，所以不知道是什麼飾物。我笑他是掛「護身符」嗎？他答是「護身佛」。

　　這朋友眼光好，店中常有好東西，且是他自己貼身掛著的物件，絕對是逸品無疑。我就懇請他拿下來讓我開開眼界。

　　那是一尊如成人小指大的紅色古玉佛，雕工簡單樸拙。翻過背面，刻著十六個字：「劉氏八娘因父母早亡敬造護身佛一區」。

　　老闆說起祂的奇異：「這是一塊北魏時期的古玉珮，本來

是白色的，我戴著戴著，竟然漸漸變成了紅色。」若是他人隨便講出「北魏」，我自然一笑置之；但老闆是內行人，因此我不懷疑祂的年代。

我看了著實喜歡，斗膽問祂的價錢。老闆遲疑一下，說：「妳不要買啦！」

價錢一定很高！朋友瞭解我的經濟能力，但我還是不死心：「多貴？讓我知道一下嘛！」

老闆說：「價錢不是很貴，但祂有些邪氣！」啊？祂邪氣？這我最愛聽了！趕緊趨向前，目光炯炯地等著聽祂的邪氣故事。

原來這尊玉佛的原主人是老闆的朋友，買來佩戴不久就「死爸」（sí-pē）。原主人傷心之餘，就轉賣給朋友，也就是老闆；誰知老闆佩戴不久後，也是「死爸」。

因為古玉佛小巧古樸，最適合貼身佩戴了，所以很多客戶想買，但一聽老闆說起祂的「邪氣」，大家都打退堂鼓了。有一位客戶說：「我早就『死爸』啊，那賣我，祂就起不了作用了。」老闆問：「你還有老母嗎？」客戶說：「有啊！祂會『妨母』嗎？」老闆說：「沒試過，不知道吔！最好是不要試啦！」

最後老闆決定不賣祂了，畢竟父母已雙亡，也就不怕祂「妨」了！

聽完老闆的敘述，只覺全身湧起雞皮疙瘩，或許是冷氣太強了。不過這古玉佛有這般「邪氣」，老闆居然還敢掛在身

上，也真有你的。

　　這讓我想起：女作家鍾玲愛好古玉，專買古玉珍品，她曾寫一篇文章描述買過一只漢朝的筒形手鐲，色彩斑斕，很是喜愛，但她一戴上就生病，看醫生打針吃藥也不見好，手鐲一拿下病就好，不信邪，再戴又生病，拔下又自動好了。此事引起她的靈感，寫了一篇出土的玉環讓買它的人生病，不斷換主人，是為了尋找前世女主人的仇人，為女主人復仇的小說。

　　這尊古玉佛，難道是劉八娘造祂時，下了咒語？她嫉妒別人有父有母？或者這尊來自北魏時期的玉佛，祂憐惜原主人的失怙失依？所以總是讓新主人喪父？

　　我對於這些方術涉獵不多，然而在收藏舊物的過程中，多少聽過這樣的故事，也為收藏過程添加不少樂趣。不過，與舊書有關的靈異故事倒不曾聽聞，或許印證了一個傳統的說法：「書籍可避邪。」引用熱門的靈異小說《凶宅筆記》的講法是：「嚴格意義上講，書是可以避邪的。因為首先字是正的，所謂邪不壓正，這就是為什麼通常圖書館都是很乾淨的一個地方，這裡所說的乾淨是指並沒有什麼污穢的東西存在。」信然也。

與「原物主」
爭紅眠床

「床」硬是把我搖醒，
我嚇壞了！難道，
我真的遇上「原物主」了？

二十幾年前，我瘋狂地想要一座紅眠床，但我品味很挑，又怕「靈異事件」，所以遲遲找不到中意的。找了好久，終於在一家古董商的臥房中一眼看中，既然是店主自用的床鋪，一定「乾淨」又「安全」，價錢也不貴，便央求店主出讓。後來才知道紅眠床體積龐大，並非人人家裡都擺得下；老式的床板又平又硬，睡慣彈簧床的現代人可吃不消，所以比起其它古民藝，紅眠床較少人購買，價格就一直拉不起來。

當年的茶藝館很流行擺紅眠床當雅座，我家客廳夠大，就把榫接工法的床組起來，放在客廳的內側。那是一座很漂亮的紅眠床，不知是什麼木材，非常重，雕工粗獷、神韻靈動；古董界名人「高壓電」來訪，看後讚賞不絕，說這是師傅雕的，不是學徒的作品，而且鏤空處少，較不積塵，很好整理。

爾後朋友來訪時，就在「雅座」上泡茶聊天，真的非常適合。

不久，婆婆的失智症越來越嚴重，就由四個兒子輪流照顧。輪到婆婆住我家時，就讓她睡紅眠床，免得老人家爬樓梯勞累。失智的婆婆整天走不停，看到紅眠床就爬上去躺個十幾分鐘或半個鐘頭，就又精神奕奕地走來走去。等婆婆輪到大伯小叔家去住時，紅眠床空了出來。時值夏天，暑氣逼人，樓上臥房很悶熱，我和老公就改睡紅眠床。奇怪？整座紅眠床內很涼爽，只吹小支的電風扇就夠了。而到了冬天，因三面有圍欄（稱為「遮風」）隔著，冷風無法直接吹到床上的人，所以很溫暖。我總是百思不解地想著，是怎樣的師傅，有著怎樣的工夫，竟然能製造出這麼一座「冬暖夏涼」的床鋪啊？

但是如此睡了幾個月，我發覺這座床不喜歡我，不讓我睡！真的！晚上和老公一起睡時，我總是做惡夢；白天我一個人睡午覺，常常會「鬼壓床」，明明聽見外面鄰居說話，就是一直掙扎著醒不來，動彈不得。甚至有一次「床」硬是把我搖醒，我嚇壞了！我跟老公說這些事，他都不信！而兒子睡也沒事。

難道，我真的遇上「原物主」了？但是，我實在很喜歡這座紅眠床啊！怎麼辦？後來又來了一次「鬼壓床」，我被嚇醒之後，心有不甘！我靜靜地躺在床上，心裡說著：「這床很漂亮，是個藝術品，歷屆的擁有者，大家都只是過客，誰都不能永遠佔有！我是用辛苦錢買來的，這陣子是我擁有，我也是過

客！你是誰？為什麼你想要永遠佔有？你這樣不行！」我閉上眼睛繼續睡，心想他再來壓我的話，我就要告訴他這些話。誰知就這樣從此相安無事，不再發生「靈異事件」了。

　　一年多後，婆婆過世了。紅眠床是我們全家人的最愛，因放在客廳裡邊，讀國中的兒子放學回來，放下書包，就往床上躺。老公下班回家，吃完晚飯，就哈欠連連地躺在床上。我呢？更不用說，整天直想爬上床休息。

　　有一天，我突然驚覺不對勁，就跟老公說：「這樣好嗎？我們整天看到這床就想去躺著，太懶散了！兒子上國中了，正該衝刺的年紀，怎可如此懶散啊？我們賣掉這床吧！」

　　雖然老公和兒子捨不得賣，但我跟「他」說過，我也只是個過客，我們的所有權就到此為止吧！該讓下一個過客接手了。

跋

除了炫耀以外的事

　　收藏家通常好客。即便不好客，能有分享的機會，也樂於分享。不，更準確的講，你不讓他分享，他簡直恨你一輩子。

　　花了這麼多時間、金錢、心思，那些車程、搬運、做功課、做紀錄、讀論文、與前輩交流、從黑髮變白髮（或禿髮），人生都耗在收藏上了，他的人生就是收藏，收藏就是他的人生。

　　而人生總是需要他人的鼓勵與肯定。於是收藏家把藏品展現出來，希望能獲得肯定，也等於肯定了自己的人生。「這本書超過三百年歷史了」、「地表唯一的手稿」、「這是有名人簽字加持的」、「這一套書現在可價值連城啦」⋯⋯藏書家多麼希望有機會向別人以壓抑過的故作平淡語氣說出這番話啊。其實說白了，就是炫耀。

　　世界上唯一不討人厭的炫耀。

　　我樂於閱讀其他人的書話，看別人「炫耀」，得知他人有哪些珍本。他的珍本不如我，我大樂：「哈，這也敢說嘴」；他的珍本我也有，我過癮：「原來這本這麼受肯定」；他的珍本比我好，我亦喜：「這我以前倒沒看過，太好了，又有新目標了。」

藉由這樣的過程，作為知識載體的書，成了珠寶般受人珍愛的藏品；而在收藏、交流、分享的過程中，又把書的知識挖掘出來，成為自己的知識，也成為大眾的知識。

　　舉個實際的例子：我在舊書店看到蔡培火日記時，我對於他的認識僅停留在《臺灣文學史》上的幾行紀錄。購入之後，為了不辜負噴出去的鉅額而努力研究，我細讀吳三連臺灣史料基金會出版的《蔡培火全集》，對於判讀羅馬字和蔡培火自創的文字也都下了功夫；再延伸出去，日記裡提到的林獻堂、臺南高家、蔣渭水、葉榮鐘、蔡惠如、羅萬俥、韓石泉……他們是誰？我為了搞懂日記裡紀錄的人際關係與社會運動，又讀了這些人相關論文、傳記、回憶錄，也留意臺灣文化協會、社會運動、臺語文運動的資訊。然後藉著借展、著作、演講，把我所知道的知識，分享給大家知道。

　　這是世界上最具正面影響的炫耀了吧。

　　在炫耀之外，我期待書話中的粗淺見解，能夠成為學者研究論文的螺絲釘，作為藏家收藏知識的墊腳石，充當創作者觸發靈感的照明燈。

　　如同電影結束要跑參與名單一樣，我在這裡也要鳴謝諸多前輩或書友：

　　百城堂書店的林漢章阿叔，告訴我許多臺灣舊文獻的故事，是我開始北上搜書時的啟蒙知識庫。舊香居舊書店店主吳卡密，活動力與策展力極高，我的第一次書話演講就是受她邀請發表的，可謂是伯樂之恩。傅月庵先生的書話作品如何影

響藏書界自不待言，他也兩度直接引介提攜了我。李志銘的熱情、直言、精於探索，不管是讀其文章或是當面聊天都富有知識性和娛樂性。苦茶、吳浩宇、紙上極樂、袁芳榮、陳文發、陳冠華、銀色快手、小高的店、陳允元、鄭清鴻等書友的交流，潘科元、楊燁、聚珍臺灣在臺文和臺灣史的分享，許德成的武俠收藏、唐澄暐的《超復刻！怪獸點名簿》，以及網路上數萬名讀我文章給予回應的網友們，都讓我大開眼界，頗多觸發。

　　當然，最感謝的人，就如同書名——是我的老爸老媽；還有感謝跟我一樣愛書的妻子和女兒，這個「藏書之家」，看來還會一直擴充下去。

國家圖書館出版品預行編目 (CIP) 資料

藏書之家：我與我爸，有時還有我媽 / 黃震南著 .
-- 初版 . -- 臺北市：前衛，2018.09
352 面；17x23 公分
ISBN 978-957-801-853-2(平裝). --ISBN 978-957-801-854-9(精裝)
1. 藏書 2. 文集　029.88　107013036

藏書之家
我與我爸，有時還有我媽

作　　者　黃震南（活水來冊房）
責任編輯　鄭清鴻、林雅雯
美術編輯　兒日設計、Ancy Pi
攝　　影　蘇冠人

出 版 者　前衛出版社
　　　　　地　　址｜ 10468 台北市中山區農安街 153 號 4 樓之 3
　　　　　電　　話｜ 02-25865708 ｜傳　　真｜ 02-25863758
　　　　　郵撥帳號｜ 05625551
　　　　　業務信箱｜ a4791@ms15.hinet.net
　　　　　投稿信箱｜ avanguardbook@gmail.com
　　　　　官方網站｜ http://www.avanguard.com.tw
出版總監　林文欽
法律顧問　南國春秋法律事務所
經 銷 商　紅螞蟻圖書有限公司
　　　　　地　　址｜ 11494 台北市內湖區舊宗路二段 121 巷 19 號
　　　　　電　　話｜ 02-27953656 ｜傳　　真｜ 02-27954100

出版日期　2018 年 9 月初版一刷｜ 2021 年 4 月初版二刷
定　　價　新台幣 699 元（精裝）；450 元（平裝）

● 精裝封面圖片來源：西川滿《亞片》